# 日本一ていねいな定番家ごはん

分子調理学研究家
こじまぽん助

はじめに

同じ料理を作るのに、
あるレシピでは「強火で香ばしく焼く」とあり、
またあるレシピでは「弱火でじっくり焼く」。
いや待て、他のレシピでは「中火で3分焼く」って……。

「結局、どれが正解なの?」
レシピを見ていて、こう思ったことはありませんか?

そもそもなぜ「どれが正解かわからない」に、陥ってしまうのか。
それは、多くのレシピに
「なぜこうするのか」という理由が説明されていないからです。

料理のすべての工程には、
必ず「おいしくなるための理由」があります。
その「理由」を理解すれば、料理の腕が上がるのはもちろん、
レシピの見え方も変わってくるのです。

あるレシピでは、
"肉の表面にカリッとした食感を出すために"強火で香ばしく焼く。
またあるレシピでは、"肉汁を逃がさないように"弱火でじっくり焼く。
他のレシピでは、"なるべく時短で失敗しないように"中火で3分焼く。

工程の裏にある「理由」が読み取れるようになると、
こういったことが理解できます。
「結局、どのレシピが正解なのか」という永遠にも思えた課題は、
「知っているか、知らないか」それだけのことで解決できるのです。

# 目次

1章

何度も食べたい我が家の味！定番のメインおかず

焼き餃子
→P22

肉味噌キャベツ
→P46

麻婆豆腐
→P28

②章

あと一品
欲しいときに！
定番のサブおかず

きんぴらごぼう
→P60

無限ピーマン
→P62

ほうれん草のおひたし
→P61

目次

カレーライス
(→ P64)

オムライス
(→ P74)

和風きのこパスタ
(→ P92)

スパゲッティボロネーゼ
(→ P84)

5章

ほっと休まる！
定番のスープ

ポトフ
→P98

豚汁
→P96

卵そぼろ
→P102

目玉焼き
→P105

# 定番の家庭料理を

# どうおいしく作るのか？

## 切り方ひとつで味は大きく変わる

すべての食材には、細胞が存在します。細胞を壊すように切れば香りが立ち、火が入りやすくなるため、食感は弱くなります。逆に細胞を残せば、噛んだときに食材の味や香り、食感を感じやすくなります。こう聞くと、細胞を残すのが正解のように思えるかもしれませんが、料理は食べるときの咀嚼までを含めた、全体で考える必要があります。

本書では、僕が長い間試行錯誤してたどり着いた、一番おいしく感じる作り方をご紹介しています。もし、理由を考えるのが面倒であれば、とりあえずレシピ通りに作ってみてください。作った料理を食べていただければ「切り方も味につながる」ということを体感していただけるはずです。

## 味つけは調味料だけでは不完全！食材の味をどう引き出すか

家庭向けのレシピは「調味料の組み合わせで味を作る」というものが一般的です。これは味ブレしにくく、再現もしやすいのですが、何かが足りないという感覚に陥ることがあります。その「何か」は、他でもない「食材の味の引き出し方」にあるのです。

逆にプロのレシピは、「調味料よりも食材の味を引き出す」というもの。香りづけにブランデーでフランベをしたり、隠し味に高級なオイルを使ったりすることはありますが、味の骨組みになる部分には、あまり特別な調味料は使いません。

本書では、そのいいとこ取りをして、"家庭で再現できる範囲で"プロのレシピにあるような「食材の味の引き出し方」を積極的に取り入れています。例えば、「肉と野菜は、別々に炒める」「煮物は、煮ないで蒸す」「パスタは、少ない湯でゆでる」といったもの。実際にお店で行われていることと方法は違っても、理論は同じ。調理のプロセスを家庭料理に最適化した結果です。

おいしい料理を作るために、本書を活用いただく上での大原則を4つご紹介します。これらを押さえておけば、失敗することなく、無理することもなく、きっとおいしい家庭料理が作れるはずです。

## 3. 市販の調味料は超優秀！わざわざ自作する必要はない

デミグラスソースを一から作ったり、ごまドレッシングをねりごまから作ったり。こだわりぬいて作る料理も、正確にできれば味のレベルは上がりますが、毎日の料理でそこまでするのは気が引けますよね。おいしさのために犠牲になるものが多すぎます。

本書で紹介しているレシピでは、そこまではしません。あくまでもスーパーに並んでいる調味料を使っています。現在、調味料メーカーが作っている調味料は日々アップデートされていて、どんどんおいしくなっています。無理して一から自分の手で作ろうとせずに、積極的に市販の調味料の力を借りましょう。

## 4. 火の強さや加熱時間はあくまで目安　五感を使って調理対象の状態を見極めて

どんなレシピにも言えることですが、火の強さと加熱時間は全く当てになりません。なぜなら、ご家庭によって調理環境がバラバラだからです。具体的には「鍋の厚み、大きさ、材質」「熱源の種類、出力」「食材（産地、季節でも変わります）」。これらを掛け合わせると「絶対に強火で3分でOK」と断言することはできません。そのため「食材がどういう状態になったら、次の工程に進むのか」を理解する必要があります。

本書では、その見極めをしやすいように、なるべく写真を多く掲載しました。また、状態を見ろと言われても、目安がないのはいくらなんでも雑なので、参考までに火の強さや時間も記載しています。ただ、「あくまでも目安」としてご覧ください。大事なのは「調理対象の状態」であることをお忘れなく！

# 本書で使用している
# 主 な 調 味 料

常温保存

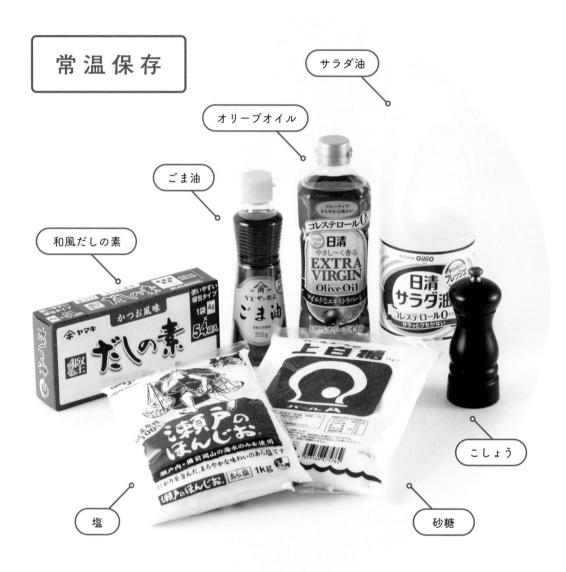

サラダ油

オリーブオイル

ごま油

和風だしの素

塩

こしょう

砂糖

油や塩、こしょうなど、調理になくてはならないとても
一般的なものたち。こしょうは挽きたてが香りも別格な
ので、ホールのものをミルで挽いて使っています。

前ページでも言いましたが、メーカーさんが作っている調味料は、
本当に優秀でおいしい！　僕も数々の調味料を活用していますが、
ここでは本書で使用している主な調味料をご紹介します。

## 冷蔵保存

醤油

みりん

酒

トマトケチャップ

めんつゆ

白だし

バター

味噌

甜麺醤

オイスターソース

中華スープの素

豆板醤

開封後は要冷蔵保存なものも、意外と多いんですよね。
こうやって見ると、中華料理には市販の調味料の力が不
可欠。本格的でおいしいものを自宅で簡単に作るには、
やはりメーカーさんの自信作を活用するのが一番です。

# 〔 愛用のおすすめ調理道具 〕

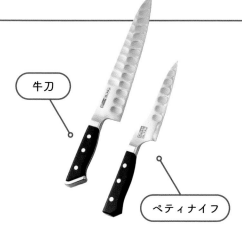

牛刀

ペティナイフ

牛刀 24cm／724TK
ペティナイフ14cm／814TUK
（グレステン）

一時期働いていたフランス系ホテルの総料理長が使っていたのに憧れて、購入しました（笑）。刃表面の凸凹が特徴で、これが食材の刃離れをよくするので使いやすい。特にペティナイフは変な形をしていま

すが、この形のおかげでまな板に手が当たらずに使えます。ほとんどの調理はこのペティナイフ1本ですることが多いのですが、大きなものを切ったり、肉を引き切りするときには牛刀を使っています。

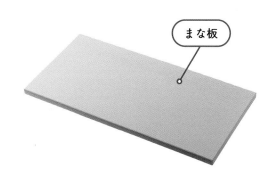

まな板

合成ゴムまな板 アサヒクッキンカット 業務用／
500×300×8mm（アサヒゴム）

プラスチックでも木でもない、ゴム製のまな板。とは言っても、触った感じはかたいんですけどね。包丁にこだわるのももちろん大事ですが、実はまな板もすごく重要。まな板がかたいと、包丁の刃が丸くなるのが早まって、長切れし

なくなります。だから板前さんは、やわらかい木のまな板を使っている人が多いのだそう。ただ、木のまな板はお手入れが面倒なので、やわらかくて刃当たりがよく、お手入れも楽なゴム製を使っています。

ピーラー

VARDAGEN ヴァルダーゲン
（IKEA）

IKEAの調理器具は優秀。今回は掲載しきれませんでしたが、結構いろいろ持っています。何より、コスパがいい。ちなみに、ピーラーは自分では研げないので消耗品。でも、IKEAの調理器具はあまりマイナーチェンジしないので、買い替えのタイミングでも同じものが手に入るのがいいところ。

スクレッパー

スクレッパー
（貝印）

本来はパンを作るときに生地を切るために使う道具なのですが、僕は細かい食材をすくうのに使っています。例えば、小ねぎを小口切りにしたとき、玉ねぎをみじん切りにしたときなど。まな板に野菜のカスや、種が残っているときにも払い落とせる、かなり重宝している小さな巨人です。

レードル

ナイロンお玉（Taste）
（ニトリ）

軽くて、見た目の主張があまりないのがお気に入り。レシピ動画や写真に調理道具が出てきたときに、料理を見て欲しいのに調理器具が悪目立ちすると、気持ちがそっちに向いてしまいます。だから、僕にとっては見た目の主張がないというのは、すごく大事なことなんです。レードルに限らず、他の調理器具もそういった基準で選んでいます。

## 計量カップ

### アングルドメジャーカップ 60ml、250ml、500ml（OXO）

斜めに入ったメモリが読みやすいのが特徴。あと、底にいくほど狭くなっているのもポイントが高い。なぜなら、計量の正確さは、水位を輪切りにしたときの面積に反比例するから。理科の授業で、メスシリンダーを使った覚えはありますか？ メスシリンダーは細長い形状の筒にメモリが打ってあり、あれは水位の面積が小さいから正確な計量ができるのです。それと比べると計量カップは、そもそも"超正確には計量できない"のが真実。なので、せめて底面積が小さいものの方がよいということなのです。

## ゴムべら

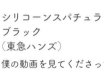

### シリコーンスパチュラ ブラック（東急ハンズ）

僕の動画を見てくださっている方ならご存じ、とにかくよく使っているのがゴムべらです。あらゆる調理に対応でき、鍋に油や水分を残すことなくこそげ取れるので、調理だけでなく、片付けも楽になります。いろいろなメーカーのものを持っていますが、今回はその中でも特に使いやすい東急ハンズのものをご紹介します。このゴムべらは柄の部分が三角柱になっていて持ちやすく、手元を見なくても裏表がわかるのが特徴です。

## 菜箸

### 菜箸（Seria）

あまりメーカーは意識していませんが、こちらはSeriaで購入したもの。大体100均のものを使っています。写真のSeriaの菜箸は、長さ違いの3本セットで100円だったので、用途に応じて使い分けできるのがいいところ。

## トング

### ベジートング（サンクラフト）

特徴的な形をしているトングですが、これも優れもの。パスタの調理をするとき、普通のシリコンタイプのトングだと、どうしても麺が滑ってしまうのですが、これなら確実につかめます。もちろん、あんまり強く握りすぎるとパスタの表面を傷つけるので、ちょっとコツは要りますよ。

## ソースパン

### IH 雪平鍋 18cm（アーリー）（ニトリ）

ソースパンも、フライパンと同じ理由で、軽くて安いものを使っています。ニトリのこのシリーズは、結構長い間販売されているので、買い替えのときにも同じものが手に入りやすくておすすめです。

### 上・コンフォートマックス IH ステンレスフライパン 26cm（T-fal）
### 下・深めのフライパン 28cm（ニトリ）

## フライパン

重視しているのは、軽さと価格。鍋が重いと「よし！料理作ろう！」という気持ちになるためのハードルが上がりますからね。作っているときはよくても、洗い物が面倒になったり……。そして、価格もすごく大事です。なぜなら、テフロン加工の鍋は、意外と寿命が短いから。特にフライパンは使用頻度が高いので、通常の使用量でも、1～2年で寿命を迎えます。つまり、ほぼ毎年買い替えが必要なんです。これは、どんなに長持ちすると謳われているものでも大差はありません。そもそもフッ素加工自体がそういうものだからです。そう考えると、高級なものではなくて、安くて使い勝手がいいものがいいですよね。

# 本書の使い方

写真で調理工程が
よくわかる！

料理の"なぜ"がわかるから、
納得して作れる！

どの状態まで
加熱するのかも
一目でわかる

料理ごとに、
おいしく作るための
３つのポイントを紹介

火力の目安は
アイコンで
わかりやすく

弱火　中火　強火

## 本書の決まりごと

▶材料の表記は大さじ1＝15㎖（15cc）、小さじ1＝5㎖（5cc）です。
▶電子レンジは600Wを使用しています。
▶レシピには目安となる分量や調理時間を表記していますが、
　様子をみながら加減してください。
▶飾りで使用した材料は明記していないものがあります。お好みで追加してください。
▶野菜類は、特に指定のない場合は、洗う、皮をむくなどの
　下準備を済ませてからの手順を記載しています。
▶火加減は、特に指定のない場合は、中火で調理しています。

本書に掲載されているレシピは、すべて僕のYouTube、cookpad、
Nadiaと連動しています。一部、本書のためにアップデートしてい
ますが、基本的な考え方、工程の大枠は同じ。本書と併用してお使
いいただけると、より便利かと思うので、ぜひ見てみてください。

何度も食べたい
我が家の味！

# 定番の
# メイン
# おかず

章
1

誰もが好きな定番中の定番！ ハンバーグに餃子、麻婆豆腐など、食卓の主役級おかずをご紹介します。 若干肉料理が多めですが、やっぱりみんな肉が好きですよね？ どれも食べ応え抜群の人気レシピです。

# ハンバーグ

ポイント

| ① | 塩の量は肉の1% |
| ② | ほぼこねない |
| ③ | 低温で焼く |

材料 （2個分）

| 合いびき肉 | 300g |
| **A** 卵 | 1個 |
| パン粉 | 20g（½カップ） |
| 塩 | 3g（約小さじ½・肉の1％） |
| こしょう | 適量 |
| サラダ油 | 適量 |
| 赤ワイン | 200㎖ |
| ビーフシチュールウ（市販） | 1皿分 |

作り方

**1** —

### たねを作る

ボウルにひき肉、**A**を入れ、手でさっと混ぜる。2等分して両手にサラダ油少々（分量外）を塗り、小判形に成形する。

肉だねは手で手早くさっと混ぜるだけでOK。極力温度を上げずに混ぜることで、タンパク質がよく結着する。

**2** —

中

### 焼く

フライパンにサラダ油を中火で熱し、**1**を並べ、アルミホイルを密着させるようにかぶせ、ふたをする。焼き色がついたら裏返し、裏面にも焼き色がついたら取り出し、アルミホイルに包んで3分ほど休ませる。

フライパンのふたよりもアルミホイルでふたをする方が、温度が上がりすぎず、水分もほどよく逃がすことができる。

**3** —

中

### ソースを作る

**2**のフライパンをキッチンペーパーで軽く拭き、赤ワインを入れて中火にかける。50〜60秒加熱してアルコールを飛ばし、ルウを加えて混ぜ溶かす。器に**2**を盛り、ソースをかける。

# 豚肉のしょうが焼き

しょうががキリッと
味を引き締め
片面焼きでジューシーに

## ポイント

1. しょうがは皮ごと使う
2. 肉をしょうが液に漬ける
3. 焼くのは片面だけ

## 材料（2人分）

| | | |
|---|---|---|
| 豚肩ロース薄切り肉 | | 300g |
| しょうが | | 2かけ |
| 酒 | | 大さじ2 |
| A | みりん | 大さじ4 |
| | 醤油 | 大さじ2 |
| | 酢 | 小さじ½ |
| | 一味唐辛子 | ひとふり |
| サラダ油 | | 適量 |

作り方

**1** ―

### しょうが液を作る

しょうがを皮ごとすりおろし、ボウルに入れ、酒を加えて混ぜる。

しょうがは皮に香りや栄養が集中しているため、皮ごとすりおろす。

**2** ―

### 漬ける

バットに豚肉を並べ、片面に**1**を塗り、15分ほどおく。

しょうがの酵素が肉のタンパク質を分解し、酒が肉に浸透して水分量が増えるので、加熱時にかたくなりにくく、ジューシーな焼き上がりに。

**3** ―

### たれを作る

**1**で使ったボウルに**A**を入れて混ぜる。

ボウルに残ったしょうがの辛みと酢の酸味で味が締まる。タバスコ®を1〜3滴程度加えても。

**4** ―

中

### 焼く

フライパンにサラダ油を中火で熱し、**2**の半量をしょうが液を塗った面を上にして並べる。片面に焼き色がついたら取り出し、残りも同様に焼く。

これくらいで取り出す

肉を焼くのは片面のみでOK。焼いていない面に水分が残るため、やわらかく、ジューシーに仕上がる。しょうが液がついていない面を焼くことで、しょうがの風味は残しつつ、香ばしさがアップ。

**5** ―

中

### 煮からめる

取り出した豚肉を戻し入れ、**3**をかけてからめる。1分経ったら豚肉を取り出し、たれが半量程度になり、とろみがつくまで煮詰める。火を止め、湯気が出なくなるまで冷まし、肉を戻し入れてからめる。

# 豚キムチ

コチュジャンが肉とキムチのまとめ役

## ポイント

1. 片栗粉でコーティング
2. フライパンは冷たい状態から
3. コチュジャンをからめて炒める

## 材料（2人分）

| | | |
|---|---|---|
| 豚こま切れ肉 | | 300g |
| A | 酒 | 大さじ1 |
| | 醤油 | 小さじ2 |
| | こしょう | 適量 |
| 片栗粉 | | 大さじ1 |
| ごま油 | | 大さじ1 |
| コチュジャン | | 大さじ1 |
| 白菜キムチ | | 200g |
| 小ねぎ（小口切り） | | 適宜 |

## 作り方

**1 —**

### 下味をつける

ボウルに豚肉とAを入れて混ぜ、なじませる。片栗粉を加えて混ぜる。

キムチの強い味に負けないよう、肉にもしっかり下味をつける。片栗粉を加えることで水分を逃がさず、ジューシーに。

**2 —**

### 炒める

フライパンにごま油をひき、1を入れて中火にかけ、焼き色がついたら裏返す。中央をあけてコチュジャンを加え、肉にからめるように炒めたら、キムチを加えて強火にし、30〜60秒炒める。器に盛り、小ねぎをふる。

これくらいで裏返す

フライパンが冷たい状態から熱することで、加熱しすぎて肉がかたくなるのを防ぐ。また、コチュジャンをからめて焼くことで、濃厚な味と適度なとろみがつく。

# 豚バラとなすの味噌炒め

豚バラの脂のコクと
パンチのある味噌味で
ごはんが進む

## ポイント

1. 加熱前になすに油を吸わせる
2. 肉に味噌をしっかりからめる
3. なすは最後に戻し入れる

## 材料（2〜3人分）

| | |
|---|---|
| 豚バラ薄切り肉 | 300g |
| なす | 4本 |
| しょうが（せん切り） | ½かけ分 |
| サラダ油 | 適量 |
| 甜麺醤 | 大さじ2 |
| 味噌 | 小さじ2 |
| A 酒 | 大さじ1 |
| 醤油 | 小さじ2 |
| こしょう | 適量 |

## 作り方

**1 — 材料を切る**

なすは縦半分に切ってから乱切りに、豚肉は4cm幅に切る。

なすは切り口の多い乱切りにすることで、火通りがよくなる。

**2 — なすを焼く**

フライパンになすを入れ、サラダ油を鍋底に1mm深さほど広がる程度かける。なすに油をからめてから中火にかけ、全面に焼き色がついたら取り出す。

これくらいで取り出す

加熱するとなすが油を吸う速度が速くなるので、常温のうちにからめておくことで個体差なく、ムラなくからめられる。

**3 — 豚肉を焼く**

2のフライパンに豚肉の半量を並べ入れ、片面に焼き色がついたら取り出す。残りの豚肉も同様に焼く。

これくらいで取り出す

豚肉は片面に焼き色がついたら一度取り出し、残りの半量を焼く。

**4 — 仕上げる**

取り出した豚肉を戻し入れ、しょうがを加えてさっと炒める。香りが立ったら甜麺醤、味噌を加えてさらに炒め、しっかりからめる。2を戻し入れ、Aを加え、さっと炒め合わせる。

甜麺醤、味噌をしっかりからめることで、パンチのある味に。なすは最後に戻し入れて、食感を残して。

皮はパリッと香ばしく
中はジューシーな
焼き上がりを目指して

# 焼き餃子

ポイント

1. 塩の量は肉の1%
2. 肉だねに水を加える
3. 熱湯で4分蒸し焼きに

材料（20個分）

| | | |
|---|---|---|
| 豚ひき肉 | | 200g |
| にら | | ½束 |
| 長ねぎ | | ⅓本 |
| しょうが | | ½かけ |
| A | 醤油 | 小さじ2 |
| | 塩 | 2g（約小さじ⅓・肉の1％） |
| | こしょう | 適量 |
| ごま油 | | 大さじ3 |
| 餃子の皮（厚手・大判） | | 20枚 |
| サラダ油、熱湯 | | 各適量 |

作り方

**1 —**

### 材料を切る

にらは5mm幅に切る。長ねぎ、しょうがはみじん切りにする。

しょうがの風味を強くしたい場合は、すりおろしても。

**2 —**

### 肉だねを作る

ボウルにひき肉と**A**、長ねぎ、しょうがを入れ、手でさっと混ぜる。水100㎖を4回ほどに分けて加え、その都度混ぜる。にら、ごま油大さじ1を加え、さっと混ぜる。

肉だねに水を加えることで、ジューシーに仕上がる。
塩をしっかり入れることで唾液の分泌を促進し、ジューシーに感じやすくなる。

**3 —**

### 包む

餃子の皮に**2**を等分にのせ、ふちに水（分量外）をつけて、ひだを作りながら包む。

フライパンに触れる面が大きくなるように包むと、焼いたときにパリッとした食感や香ばしさがアップしてよりおいしく。

**4 —**

### 焼く

フライパンにサラダ油を鍋底の半分ほどに広がる程度入れて強火で熱し、**3**を並べる。熱湯を5mm深さほどにまわしかけ、ふたをして4分蒸し焼きにする。ふたをはずして水分を飛ばし、ごま油を大さじ2ほどまわしかけ、焼き色がついたら火を止める。

餃子はとにかく適切な加熱が大事。温度が上がりやすい熱湯を使い、加熱しすぎないように蒸し焼きする時間は4分を死守。一度に焼く個数は、直径24cmのフライパンなら10個、26cmなら12個、28cmなら14個ほどを目安に。

# 肉じゃが

肉は軽く焼いて
深い味わいに。
蒸し煮でうまみも引き出す

ポイント

1 肉は片面だけ焼く

2 野菜は「蒸し煮」に

3 仕上げに肉を戻す

材料（4人分）

| | |
|---|---|
| 豚バラ薄切り肉 | 300g |
| じゃがいも（メークイン） | 3〜4個 |
| 玉ねぎ | 1個 |
| にんじん | 1本 |
| サラダ油 | 大さじ1 |
| A 醤油、みりん | 各80㎖ |
| 砂糖 | 大さじ2 |
| 和風だしの素 | 小さじ1 |

作り方

**1**

### 材料を切る

じゃがいもは2cm幅の輪切りにして、水にさらしてから水けをきる。玉ねぎはくし形切りに、にんじんは乱切りにする。豚肉は4cm幅に切る。

じゃがいもは煮くずれしにくく、しっとりと仕上がるメークインがおすすめ。

**2** 強

### 肉を焼く

フライパンにサラダ油を強火で熱し、豚肉を並べ入れる。片面に焼き色がついたら取り出す。

これくらいで取り出す

肉に焼き色をつけることで味に深みが出る。やわらかく、ジューシーに仕上げたいので、焼くのは片面だけ。

**3** 中

### 蒸し煮にする

**2**のフライパンに**1**の野菜を入れて中火にし、残った脂とからめるようにさっと混ぜる。**A**を加えてひと混ぜし、ふたをして、時々混ぜながらじゃがいも、にんじんに菜箸がすっと刺さるようになるまで15分程度蒸し煮にする。**2**を戻し入れ、ひと混ぜして火を止める。ふたをして10分程度おく。

たっぷりの煮汁で煮るよりも、少ない煮汁で蒸し煮にする方が塩分と水分の移動が効率的になり、食材に味が入りやすく、うまみも引き出しやすい。肉は仕上げに戻し入れて、さっと混ぜる程度で火を止め、弾力を残す。

# ウインナーしそ餃子

青じその香りが
さわやかな
アクセントに

## ポイント

① 皮の真ん中に具材をおかない

② 油は鍋底から1mm

③ 薄いきつね色が取り出すサイン

## 材料（8本分）

| | |
|---|---|
| ウインナーソーセージ | 8本 |
| 青じそ | 8枚 |
| スライスチーズ（半分に切る） | 4枚 |
| 餃子の皮（大判） | 8枚 |
| サラダ油 | 適量 |

## 作り方

### 巻き方のコツ

皮の手前から少しはみ出すくらいの場所に具材をのせて巻くと、きれいに巻ける。

**1**

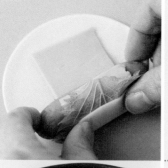

### 具材を巻く

餃子の皮に青じそ、スライスチーズ、ウインナーの順にのせて巻き、巻き終わりに水（分量外）をつけて留める。

**2**

強 → 中

### 揚げ焼きにする

フライパンにサラダ油を鍋底に1mm深さほど入れ、**1**の巻き終わりを下にして並べ、強火にかける。温まってきたら中火にし、転がしながら全面が薄いきつね色になるまで揚げ焼きにする。

多めの油で揚げ焼きにすることで、パリパリに。フライパンから引き上げた後も多少色づくので、"薄いきつね色"で火を止めると、ほどよい焼き上がりに。

# 豚の角煮

## ポイント

1. かたまりのままゆでる
2. カラメルでコクをアップ
3. 煮込み1時間で味をしみ込ませる

## 材料（2人分）

豚バラかたまり肉 ……………………… 500g
砂糖 …………………………………… 大さじ6
**A** │ 酒、みりん、醤油 ……… 各大さじ4
長ねぎ（白髪ねぎ）、小ねぎ（斜め切り）
………………………………………… 各適宜

ゆっくり煮込んで
やわらかな
極上の味わい

## 作り方

### 1 ─ 下ゆでをする

鍋にたっぷりの水と豚肉を入れて強火にかけ、煮立ったらアクを取り、弱火にして1時間ほどゆでる。4〜5cm幅に切る。

かたまりのままゆでた方がゆっくりと熱が入り、必要以上に水分が抜けないので、やわらかく仕上がる。また、ゆでてから切る方が、形がととのう。

### 2 ─ 砂糖をカラメルにする

鍋に砂糖を入れ、中火にかける。焦げないようによく混ぜながら砂糖を溶かし、とろみがついて茶色くなるまで加熱する。

砂糖を加熱してカラメルにすることで、甘みだけでない、コク深さを出すことができる。

### 3 ─ 煮る

水200mlを加えてよく混ぜ（はねるので注意）、カラメルを溶かし、**A**、**1**を入れる。豚肉にかぶるくらいの水を加え、煮立ったら弱火にし、1時間ほど煮る。

1時間ほどゆっくりと煮て、味をしみ込ませるのと同時に、肉の繊維をほぐしていく。

### 4 ─ 味をととのえる

味を見て、薄ければ煮詰め、濃ければ水を足して仕上げる。器に盛り、長ねぎと小ねぎを合わせてのせる。

家庭で絶品 本格中華

# 麻婆豆腐

## ポイント

1. 豆腐に塩をふる
2. 炸醤を作る
3. 水の量はひたひた

## 材料（2人分）

| | | |
|---|---|---|
| 木綿豆腐 | | 1丁（400g） |
| 豚ひき肉 | | 300g |
| **A** | にんにく（みじん切り） | 1片分 |
| | しょうが（みじん切り） | ½かけ分 |
| 長ねぎ（みじん切り） | | ½本分 |
| 塩 | | ひとつまみ |
| サラダ油 | | 大さじ2 |
| 甜麺醤 | | 大さじ2 |
| 酒 | | 大さじ1 |
| **B** | 醤油 | 小さじ1 |
| | こしょう | 少々 |
| 豆板醤 | | 小さじ2 |
| 中華スープの素 | | 小さじ2 |
| 片栗粉 | | 大さじ1½ |
| 小ねぎ（小口切り） | | 適宜 |

## 作り方

**1**

### 豆腐の水きりをする

豆腐はひと口大に切って耐熱皿にのせ、塩をふり、ラップはかけずに電子レンジで2分ほど加熱する。

豆腐に塩をふってレンジ加熱することで、ほどよく水きりができ、くずれにくくなると同時に、軽く下味もつく。

**2**

### 炸醤（ジャージャン）を作る

フライパンにサラダ油大さじ1を強火で熱し、ひき肉を色が変わるまで炒める。甜麺醤を加えて中火にし、焦げないように混ぜながらなじむまで炒め、酒をふり、アルコールを飛ばす。Bを加えて炒め合わせる。

ひき肉に調味料をその都度しっかりからめながら炒めることで、味にパンチが出る。この炸醤は、ごはんにかけたり、担々麺にのせてもおいしい。

**3**

### 香味野菜を加える

サラダ油大さじ1を足し、Aを加え、香りが立つまで炒める。

**4**

### 炒める

豆板醤を加え、弱火にして炒め合わせる。

辛いのが好きなら豆板醤を多めに。苦手なら豆板醤を少なめにし、同量の味噌を入れても。

**5**

### 煮る

中華スープの素を加えてさっと炒め、ひたひたの水を加える。味を見て、薄ければ塩（分量外）を足す。豆腐を加えて強火にし、長ねぎを加え、ひと煮立ちしたら火を止める。

水は具材の頭が少し出るくらい（＝ひたひた）まで入れてOK。必ず味見をし、ここで味を決めて。

**6**

### とろみをつける

倍量の水で溶いた片栗粉をまわし入れ、再び弱火にかけ、ひと煮立ちさせる。器に盛り、小ねぎをちらす。

水溶き片栗粉を加えたら、必ずしっかり煮立つまで加熱することで、とろみが安定する。

野菜はシャキッ
肉はジュワッ
火の入れ方がポイント

# 青椒肉絲
（チンジャオロースー）

ポイント

1. 肉は下味をつけやわらかに
2. 野菜を先に炒めて取り出す
3. 肉は低温から炒める

材料（4人分）

| | | |
|---|---|---|
| 豚ロース薄切り肉 | | 300g |
| ピーマン | | 4〜5個 |
| ゆでたけのこ（細切り） | | 100g |
| しょうが（せん切り） | | 薄切り1枚分 |
| 長ねぎ | | 15cm |
| A | 醤油 | 小さじ2 |
| | 塩 | ひとつまみ |
| | こしょう | 適量 |
| B | 卵 | 1個 |
| | 片栗粉 | 大さじ2 |
| サラダ油 | | 大さじ5 |
| オイスターソース | | 大さじ1 |
| C | 砂糖、酒、醤油 | 各大さじ1 |

作り方

**1**―

### 材料を切る

ピーマンは縦に5〜6mm幅、長ねぎは5cm長さの細切りにする。豚肉は7〜8mm幅に切る。

ピーマンは繊維と平行に切って、食感を残す。

**2**―

### 肉に下味をつける

ボウルに豚肉と**A**を入れ、軽く混ぜる。**B**を加え、全体になじむよう混ぜる。

豚肉は卵と片栗粉で厚めにコーティングすることで、加熱時の温度上昇をゆるやかにでき、水分もキープできるため、やわらかに仕上がる。

**3**―

### 野菜を炒める

フライパンにサラダ油大さじ2を中火で熱し、たけのこ、ピーマンを炒める。ピーマンに油がまわったら一度取り出し、火を止める。

これくらいで取り出す

野菜、肉ともに最適な火入れで仕上げるため、野菜はあらかじめ炒めておき、後で肉と合わせる。

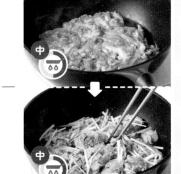

**4**―

### 肉を炒める

**3**のフライパンにサラダ油大さじ2を足し、**2**を入れる。豚肉に油をなじませて中火にかけ、あまり触らずに焼き、焼き色がついたら裏返す。裏面も同様に焼き色がついたら軽くほぐし、フライパンの中央をあけてサラダ油大さじ1を足し、そこにしょうが、長ねぎを加え、全体をさっと炒める。

これくらいで裏返す

フライパンが冷たい状態から熱することで、加熱のしすぎでかたくなるのを防ぐ。

**5**―

### 調味して仕上げる

オイスターソースを加えてしっかりからめ、**C**を加える。すぐに**3**を戻し入れ、さっと炒め合わせる。

オイスターソースは炒めることで風味が凝縮するので、他の調味料より先に加える。

甜麺醤のこっくり味に
辛みをきかせて
食欲倍増

# 回鍋肉

ホイ コー ロー

| ポイント | |
|---|---|
| ① | 肉は下味をつけやわらかに |
| ② | 先に野菜を炒めて取り出す |
| ③ | 甜麺醤をしっかりからめる |

## 材料（4人分）

| | | |
|---|---|---|
| 豚肩ロース薄切り肉 | | 400g |
| ピーマン | | 4個 |
| キャベツ | | 3〜4枚 |
| にんにく（みじん切り） | | 1片分 |
| A | 片栗粉 | 大さじ2 |
| | 醤油 | 小さじ2 |
| | こしょう | 適量 |
| サラダ油 | | 適量 |
| 甜麺醤 | | 大さじ2 |
| 豆板醤 | | 小さじ2 |
| 酒 | | 大さじ2 |

作り方

**1** —

### 材料を切る

ピーマンは3cm四方、キャベツは4cm四方に
切る。豚肉は4cm幅に切る。

**2** —

### 肉に下味をつける

ボウルに豚肉と**A**を入れて混ぜる。

肉に下味をつけること
で、調味料とのなじみ
がよくなり、肉の過熱
も防いでやわらかに仕
上がる。片栗粉で水分
を逃がさず、ジューシ
ーに。

強

中

**3** —

### 野菜を炒める

フライパンにサラダ油大さじ1を強火で熱し、
ピーマンを軽く焼き色がつくまで炒めて、取
り出す。同じフライパンにサラダ油大さじ1
を足し、キャベツを入れ、水大さじ2をふっ
て中火で炒める。しんなりしたら取り出し、
火を止める。

野菜、肉ともにベスト
な状態で仕上げるため、
野菜はあらかじめ炒め
ておき、後で肉と合わ
せる。

中

中

**4** —

### 肉を炒める

**3**のフライパンにサラダ油大さじ1を足し、
**2**を入れる。豚肉に油をなじませて中火にか
け、焼き色がついたら裏返す。裏面にも同様
に焼き色がついたら軽くほぐし、フライパン
の中央をあけてサラダ油小さじ2を足す。そ
こににんにくを加え、全体をさっと炒める。

これくらいで
裏返す

豚肉はこのくらいこん
がりと焼き色をつけて
から裏返す。

中

**5** —

### 調味して仕上げる

甜麺醤、豆板醤を加えてしっかりからめ、**3**
を戻し入れ、酒をふり、さっと炒め合わせる。

甜麺醤、豆板醤をしっ
かりからめることで、
パンチのある味わいに。

調理前の下処理でもっとおいしく

# 鶏もも肉の扱い方

・————————・

スーパーで売られている鶏肉は、ほとんどが骨や軟骨を取り除いた下処理済みのものです。しかし、確かめてみると取り残された小骨や筋、余分な皮などがついていることもあるので、調理前に下処理をするのが大切。このひと手間で、肉の舌触りが変わります。

腰につながる部分なので
余分な皮・脂が多い

筋・血管

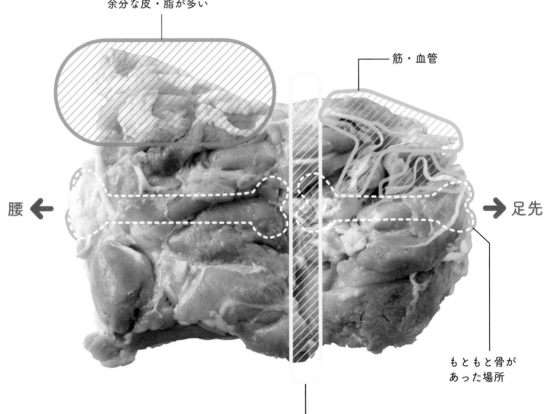

腰 ←                              → 足先

もともと骨が
あった場所

関節にあたる部分なので
小骨・軟骨が多い

**1**－

### 小骨、軟骨を取る

触ってみて、かたい小骨、
軟骨を取り除く。

**2**－

### 筋、血管を取る

筋や血管を取り除く。

**3**－

### 余分な脂、皮を取る

皮についている黄色い脂や、身からは
み出している余分な皮を取り除く。た
だし、チキンソテーなど皮のパリパリ
感を楽しみたいレシピの場合は、皮は
取り除かない方がよい。

Before

スーパーで買ってきたままの状態だと、
まだ余分なものがついています。

→

After

下処理すれば、こんなにきれいに。
この状態から調理すれば、舌触りもよく、
よりおいしく感じられる料理になります。

# 和風チキンソテー

## ポイント

① 皮の下に香味野菜を詰める

② 焼くのはほぼ皮面

③ 裏返すのは一度だけ

## 材料（2人分）

|  |  |  |
|---|---|---|
| | 鶏もも肉 | 1枚 |
| **A** | 青じそ | 10枚 |
| | にんにく | 2片 |
| | 塩昆布 | ひとつかみ |

皮のポケットに
風味と香りを詰めて
こんがりソテー

## 作り方

**1 —**

### 材料を切る

Aはすべてみじん切りにし、ボウルに入れて混ぜる。

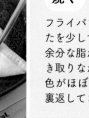

**2 —**

### 鶏肉の下処理をする

鶏肉はP34〜35を参照して下処理し、関節部分で2つに切り、身に切り込みを入れる。皮を7割ほどはがしてポケット状にし、1を詰める。裏返して身にも1をのせる。

皮と身の間に詰め込むことで、味や香りがしっかりと入り込む。焼いているときに焦げにくいというメリットも。

**3 —**

### 焼く

中

フライパンに2の皮を下にして入れ、ふたを少しずらしてのせ、中火にかける。余分な脂が出たらキッチンペーパーで拭き取りながら、皮に焼き色がつき、身の色がほぼ白く変わるまで10分ほど焼き、裏返してさらに2分ほど焼く。

これくらいで
裏返す

皮面から焼き、皮は高温、身は間接的に低い温度で加熱することで、皮はパリッと、身はふっくらと焼き上がる。

# 鶏の照り焼き

人気の一品
お弁当にもおすすめの
甘辛味の定番照り焼きは

## ポイント

① 焼くのはほぼ皮面

② 裏返すのは一度だけ

③ 蒸し焼きでふっくら

## 材料（2人分）

| | |
|---|---|
| 鶏もも肉 | 1枚 |
| 塩 | ひとつまみ |
| A 酒、みりん | 各大さじ2 |
| 砂糖、醤油 | 各大さじ1 |

## 作り方

**1** — **鶏肉の下処理をする**

鶏肉はP34〜35を参照して下処理し、関節部分で2つに切る。

**2** — **皮面を焼く**

フライパンに**1**の皮を下にして入れ、塩をふり、ふたを少しずらしてのせ、中火にかける。余分な脂が出たらキッチンペーパーで拭き取りながら、身の色がほぼ白く変わるまで10分ほど焼く。

皮面から焼き、皮は高温、身は間接的に低い温度で加熱することで、皮はパリッと、身はふっくらと焼き上がる。

**3** — **調味する**

裏返して**A**を加え、再びふたをして1〜2分蒸し焼きにする。ふたをはずしてさっと煮からめる。

ふたをして蒸し焼きにすることで、鶏肉の水分を逃がさない。

にんにくとバターが
ふわっと香り
箸が止まらない

# ガリバタチキン

ポイント

① きのこは低温焼きで
うまみを引き出す

② 肉を片栗粉でコーティング

③ バターは火を止めてから

材料（2人分）

| | | |
|---|---|---|
| 鶏もも肉 | | 1枚（約300g） |
| しめじ | | 1パック |
| 長ねぎ | | 1本 |
| にんにく（みじん切り） | | 2片分 |
| サラダ油 | | 大さじ3 |
| **A** | 酒 | 大さじ1 |
| | 砂糖 | 小さじ1 |
| | 塩 | ひとつまみ |
| | こしょう | 適量 |
| 片栗粉 | | 大さじ2 |
| **B** | 酒 | 大さじ2 |
| | 醤油 | 大さじ1 |
| バター | | 20g |

**1** ―

### 材料を切る

しめじはほぐす。長ねぎは5mm幅の斜め切り
にする。鶏肉はP34〜35を参照して下処理し、
ひと口大に切る。

これくらいで
取り出す

弱火でじっくりと加熱
することでうまみ成分
を引き出し、最後に強
火で香ばしさをつける。

**2** ―

### きのこを焼く

フライパンにしめじを入れ、サラダ油大さじ
1をまわしかけてからめる。強火にかけ、パ
チパチと音がしてきたら弱火にし、動かさず
に5分ほど、上下を返してさらに5分ほど焼
く。強火にし、焼き色がついたら取り出す。

**3** ―

### 肉に下味をつける

ボウルに鶏肉と**A**を入れて混ぜる。片栗粉を
加え、さらに混ぜる。

肉に下味をつけること
で、調味料とのなじみ
がよくなり、肉の過熱
を防いでやわらかに仕
上がる。片栗粉で水分
を逃がさず、ジューシ
ーに。

**4** ―

### 長ねぎを焼く

**2**のフライパンにサラダ油大さじ1を足して
中火で熱し、長ねぎを入れ、両面に焼き色が
ついたら取り出す。

長ねぎ、肉ともに最適
な火入れで仕上げるた
め、長ねぎはあらかじ
め炒めておき、後で肉
と合わせる。

**5** ―

### 炒める

**4**のフライパンにサラダ油大さじ1を足し、
鶏肉の皮を下にして入れ、強火にする。両面
に焼き色をつけたら中火にし、にんにくを加
えて炒める。香りが立ったら**2**、**4**を戻し入
れてさっと炒め、**B**で調味する。とろみが出
てきたら火を止め、バターを加え、余熱で溶
かしながら全体にあえる。

バターは香りが飛ばな
いよう、火を止めてか
ら加える。

ほんのひと手間で
しっとりやわらか

# ささみの棒棒鶏（バンバンジー）

ポイント

1. 砂糖で水分をキープ
2. 蒸し煮でしっとり
3. 市販のたれをグレードアップ

材料（2人分）

| | |
|---|---|
| 鶏ささみ | 4〜6本(400g) |
| A　塩 | 4g(約小さじ²⁄₃) |
| 　　砂糖 | 小さじ1 |
| 酒 | 80mℓ |
| サラダ油 | 適量 |
| 白いりごま、ごまドレッシング（市販）、 | |
| 　しゅうまいの皮 | 各適宜 |
| きゅうり、トマト | 各適宜 |

作り方

**1**

### 下ごしらえをする

ささみは筋を取って**A**をふり、つやが出るまですり込む。

塩は下味、砂糖は保水の役割を果たす。

**2**

中 → 弱

### 蒸し煮にする

鍋に**1**を並べ入れて酒をふり、アルミホイルで落としぶたをして中火にかける。ふつふつとしてきたら弱火にし、5分ほど加熱して湯気が立ち、ささみのふちが白くなってきたら裏返す。再び落としぶたをし、さらに2分ほど加熱して火を止め、10分ほどおく。

これくらいで裏返す

鍋が冷たい状態から熱することで、加熱のしすぎを防ぎ、アルミホイルでふたをして蒸し煮にすることでしっとりと仕上げる。

**3**

### たれを作る

フライパンに白ごまを入れて中火にかけ、乾煎りする。ボウルにドレッシングと煎った白ごまの半量を入れ、混ぜる。

ごまは乾煎りすることで香ばしさが格段にアップ。市販のドレッシングも、よりおいしく。

**4**

中

### トッピングを作る

しゅうまいの皮を2mm幅に切る。**3**のフライパンに多めのサラダ油を入れて中火で熱し、しゅうまいの皮を入れ、きつね色になったら取り出す。

**5**

### 仕上げる

きゅうり、トマトを食べやすい大きさに切って器に盛り、**2**をほぐしてのせる。**3**のたれをかけ、煎った白ごまの残りをふり、**4**をのせる。

# ポークソテー

シンプルなソテーも
上手に加熱すれば
とびきりのおいしさに

ポイント

① 肉に薄力粉をまぶす

② フライパンは冷たい状態から

③ 焼いた肉を休ませる

材料（2人分）

| | |
|---|---|
| 豚ロース肉（とんかつ用） | 2枚 |
| 塩 | ひとつまみ |
| こしょう、薄力粉 | 各適量 |
| サラダ油 | 適量 |
| A しょうが（すりおろし） | 1かけ分 |
| にんにく（すりおろし） | 1片分 |
| 酒、みりん、醤油 | 各大さじ2 |
| 砂糖 | 大さじ1 |

作り方

**1**—

### 下ごしらえをする

豚肉は脂身と赤身の間に、数ヶ所切り込みを入れて筋切りをする。片面に塩、こしょうをふり、軽く押さえて1分ほどおく。全面に薄力粉をまぶす。

豚肉は薄力粉でコーティングすることで、加熱時の温度上昇をゆるやかにし、水分もキープできるため、やわらかに仕上がる。

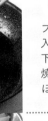

**2**—

### 焼く

フライパンにサラダ油を鍋底に1mm深さほど入れ、**1**を表（盛りつけたときに上側になる面）を下にして入れる。中火にかけ、5分ほど焼く。焼き色がついたら裏返し、さらに弱火で3分ほど焼く。

フライパンが冷たい状態から熱することで、加熱のしすぎでかたくなるのを防ぐ。

**3**—

### 休ませる

キッチンペーパーを敷いたバットに**2**をのせ、アルミホイルをかぶせて5分ほどおく。

肉の温度が高すぎると、切ったときに肉汁が流れ出てしまうので、ゆるやかに温度を下げる。

**4**—

### ソースを作る

**2**のフライパンの油を9割ほど拭き取り、**A**を入れる。中火にかけ、混ぜながらとろみが出るまで煮詰める。**3**を2cm幅に切って器に盛り、ソースをかける。

ソースはフライパンの上で軽く線がかけるくらいまで煮詰める。

それぞれの野菜に適した炒め方でおいしさを引き出す

# 肉野菜炒め

ポイント

1. 野菜は別々に炒める
2. キャベツは水を加えて炒める
3. 肉を炒めたところに野菜を戻す

材料（4人分）

| | |
|---|---|
| 豚バラ薄切り肉 | 300g |
| もやし | 1袋 |
| キャベツ | 大2枚 |
| ピーマン | 2個 |
| 玉ねぎ | ½個 |
| にんじん | ½本 |
| きくらげ（乾燥） | 3g |
| にんにく（みじん切り） | 1片分 |
| サラダ油 | 大さじ5 |
| 塩 | 小さじ½ |
| こしょう | 適量 |
| 醤油 | 小さじ2 |

作り方

**1**

### 材料を切る

きくらげは水につけてもどし、ひと口大に切る。キャベツの芯は3〜4mm幅の斜め切り、葉は3cm四方に切る。ピーマンは乱切り、玉ねぎはくし形切り、にんじんは2mm厚さの短冊切りにする。豚肉は4cm幅に切る。

**2**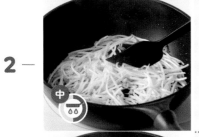

### もやしを炒める

フライパンにサラダ油大さじ1を中火で熱し、もやしを入れ、油がまわったら取り出す。

各食材に最適な火入れをするために、食材別に炒める。

**3**

### キャベツを炒める

2のフライパンにサラダ油大さじ1を足して、キャベツを芯、葉の順に入れて炒める。油がまわったら水大さじ1〜2を加え、キャベツのかさが半量ほどになったら取り出す。

キャベツはふんわりした形状をしていて、家庭用のフライパンで適度に炒めるのは難しいので、水を加えて蒸し炒めにし、一気に火を入れる。

**4**

### ピーマン、玉ねぎを炒める

3のフライパンにサラダ油大さじ1を足して、ピーマン、玉ねぎを炒める。油がまわったら取り出す。

**5**

### にんじんを炒める

4のフライパンにサラダ油大さじ1を足して、にんじんを炒める。しんなりしたら取り出す。

**6**

### 仕上げる

5のフライパンにサラダ油大さじ1を足して強火にし、豚肉を入れる。塩、こしょうをふり、あまり動かさずに焼く。焼き色がついたら裏返し、中火にしてにんにくを加える。香りが立ったら2〜5の野菜、きくらげを加える。醤油をまわし入れ、30秒ほど炒め合わせる。

これくらいで裏返す

豚肉は片面に焼き色をつけて香ばしく。肉の脂を野菜にからめ、味に一体感を出す。

# 肉味噌キャベツ

ポイント

① キャベツは水を加えて炒める

② 肉にしっかり焼き色をつける

③ 調味料をしっかりからめる

材料（4人分）

| | |
|---|---|
| 豚ひき肉 | 400g |
| キャベツ | ½個 |
| 小ねぎ | ½束 |
| しょうが（みじん切り） | 薄切り2枚分 |
| 赤唐辛子（種を除いてちぎる） | 適量 |
| A｜味噌、砂糖 | 各大さじ2 |
| 　｜酒、醤油 | 各大さじ1 |
| 中華スープの素 | 小さじ2 |
| 片栗粉 | 大さじ2 |
| サラダ油 | 大さじ4 |

| 作り方 |
| --- |

**1**

### 材料を切る

キャベツの芯は1cm幅の斜め切り、葉はひと口大に切る。小ねぎは4cm長さに切る。

**2**

### キャベツを炒める

フライパンにサラダ油大さじ2を中火で熱し、キャベツを芯、葉の順に入れて炒める。油がまわったら水大さじ1〜2を加え、キャベツのかさが半量ほどになったら取り出す。

キャベツはふんわりした形状をしていて、家庭用のフライパンで適度に炒めるのは難しいので、水を加えて蒸し炒めにし、一気に火を入れる。

**3**

### ひき肉を炒める

**2**のフライパンにサラダ油大さじ2を足して強火にし、ひき肉を入れてほぐさずに焼く。焼き色がついたら裏返し、ざっくりとくずし、弱火にする。

ひき肉をかためて焼くことで、香ばしさがついておいしさアップ。

**4**

### 調味料を炒める

しょうが、赤唐辛子を加えて中火にし、香りが立ったら**A**を加え、ひき肉にからめるように炒める。しっかりからんだら、中華スープの素を加えてひと混ぜし、**2**を戻し入れる。水150mlほどを加えて炒め合わせ、小ねぎを加え、さっと炒める。弱火にし、倍量の水で溶いた片栗粉を少しずつ加える。強火にし、とろみがつくまで加熱する。

調味料をしっかりからめることで、パンチのある味わいに。

# ゴーヤーチャンプルー

下ごしらえ＆仕上げで
ゴーヤーの苦みを抑えれば
ぐっと食べやすく

## ポイント

1. ゴーヤーは適切な下処理で苦みを調整
2. 豆腐に塩をふる
3. 削り節で苦みをマスキング

## 材料（2人分）

| | |
|---|---|
| ゴーヤー | 1本 |
| 豚バラ薄切り肉 | 300g |
| 木綿豆腐 | 1丁 |
| 溶き卵 | 2個分 |
| 塩、こしょう | 各適量 |
| サラダ油 | 大さじ1 |
| ごま油 | 小さじ1 |
| 和風だしの素 | 小さじ1 |
| 醤油 | 大さじ1 |
| 削り節 | 適宜 |

## 作り方

**1**

### 下ごしらえをする

ゴーヤーは縦半分に切ってワタをかき取り、5mm幅の半月切りにする。塩ひとつまみをふってもみ、3分ほどおいてから水につけ、2〜3分おいてから水けをきる。豆腐はひと口大にくずして耐熱皿にのせ、塩ひとつまみをふり、ラップをかけずに電子レンジで3分ほど加熱する。豚肉は4cm幅に切る。

ゴーヤーの苦みをより取り除きたい場合は薄く、苦みを残したい場合は厚めに切る。
豆腐に塩をふってレンジ加熱することで、ほどよく水きりができ、くずれにくくなると同時に、軽く下味もつく。

**2**

### 炒める

フライパンにサラダ油、ごま油を中火で熱し、豆腐を炒める（油がはねるので注意）。焼き色がついたら取り出す。続いて豚肉を入れ、塩、こしょうをふり、脂が出てきたらゴーヤーを加える。ゴーヤーに肉の脂がからんだら、和風だしの素をふってさらに炒める。豆腐を戻し入れ、溶き卵をまわし入れ、端がかたまってきたら大きく混ぜ、醤油を加えてさっと炒める。器に盛り、削り節をかける。

これくらいで取り出す

豆腐は先に炒めて、焼き色をつける。
削り節にはゴーヤーの苦み成分を吸着する作用がある。さらに、うまみは苦みをマスキングするので一石二鳥。

あと一品
欲しいときに！

# 定番の<br>サブ<br>おかず

② 2章

もう一品欲しいときに頼りにな
るサブおかず。トロトロのなす
の煮びたしに、味のしみ込んだ
焼豚、シャキシャキのきんぴら
ごぼうなど、食感よく作るポイ
ントもていねいに解説します。

じっくりと
味をしみ込ませて
滋味深い一品に

# なすの煮びたし

ポイント

① 皮に切り込みを入れる

② 加熱前に油を吸わせる

③ 最初の裏返すタイミング

材料（2人分）

| なす | 2〜3本 |
|---|---|
| サラダ油 | 適量 |
| A 酒、みりん、めんつゆ（2倍濃縮） | 各大さじ3 |
| 砂糖 | 大さじ1 |
| 小ねぎ（小口切り） | 適宜 |

作り方

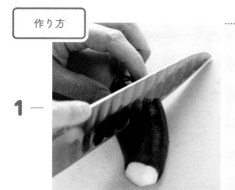

**1**—

### なすを切る

なすはへたを切り落として縦半分に切り、皮に半分くらいの深さまで、細かく斜めの切り込みを入れる。

深めの切り込みを入れることで、なすに火が通りやすくなり、大きくてもトロトロの仕上がりに。

**2**—

### 揚げ焼きにする

フライパンにサラダ油を鍋底に1mm深さほど入れ、なすの切り口に油をつける。なすの皮を下にして中火にかけ、油を吸いきったら裏返し、**A**を加える。煮汁が⅓量ほどになったら、再び裏返し、30秒ほど煮て再び裏返す。火を止め、常温になるまで冷ます。器に盛り、小ねぎをちらす。

加熱前になすに油を吸わせることで、焼きムラが防げる。また、なすの水溶性の色素成分が抜けるのを防ぎ、きれいな色に仕上がる。皮の方が火が入るのに時間がかかるので、皮の面から揚げ焼きし、適切なタイミングで返すことで、色が抜けるのを防ぐこともできる。

# サラダチキン

蒸し煮＆余熱で
しっとり仕上げる

## ポイント

1. 肉の厚さを均一に
2. 砂糖で水分をキープ
3. 蒸し煮でしっとり

## 材料（4人分）

| | | |
|---|---|---|
| 鶏むね肉 | | 1枚（360g） |
| A 塩 | | 小さじ½強（3.5g） |
| 砂糖 | | 小さじ1 |
| 酒 | | 80㎖ |

## 作り方

**1**

### 塩と砂糖をすり込む

鶏肉は厚い部分に切り込みを入れて観音開きにし、Aをふり、つやが出るまですり込む。

鶏肉の厚みをそろえることで、火の入り具合を均一にする。
塩は下味、砂糖は保水の役割を果たす。

**2**

### 酒蒸しにする

鍋に皮を下にして1を入れて酒をふり、アルミホイルで落としぶたをして中火にかける。ふつふつとしてきたら弱火にし、5分ほど加熱して、湯気が立ち、鶏肉のふちが白くなってきたら裏返す。再び落としぶたをし、さらに2分加熱して火を止め、10分ほどおく。

これくらいで
裏返す

鍋が冷たい状態から熱することで、加熱のしすぎを防ぎ、アルミホイルでふたをして蒸し煮にすることでしっとりと仕上がる。

# たけのこの甘辛煮

あの人気中華弁当の一品を自宅で再現

## ポイント

1. だしは使わない
2. 煮るのは20分ほど
3. ひと晩おいて味を含ませる

## 材料（4人分）

ゆでたけのこ ―――――――――― 1本
酒、みりん、砂糖、醤油 ―― 各大さじ3

## 作り方

**1 ―**
### たけのこを切る
たけのこの根元は1〜1.5cm角に切る。穂先はくし形切りにする。

**2 ―**
### 煮る
鍋に酒、みりんを入れて強火にかけ、アルコールを飛ばす。砂糖、醤油、**1**を加え、かぶるくらいの水を加えて中火にし、煮立ったら弱火にして20分ほど煮る。

強 → 中 → 弱

たけのこ本来の味を感じやすくするために、だしは使わない。

**3 ―**
### 味を含ませる
火から下ろして粗熱を取り、保存容器に移し、冷蔵庫にひと晩おく。

煮ながら味を含ませようとすると、食感がやわらかくなりすぎてしまうので、煮汁につけてひと晩おく。

ていねいな下ごしらえで
具材それぞれのうまみを
引き立たせる

# 筑前煮

ポイント

1. 食材ごとの下ごしらえ
2. 鶏肉に焼き色をつける
3. 少なめの煮汁で煮る

材料（4人分）

| | | |
|---|---|---|
| 鶏もも肉 | | 1枚 |
| 干ししいたけ | | 3枚 |
| こんにゃく | | 1枚 |
| にんじん | | 1本 |
| ゆでたけのこ | | 1本 |
| れんこん | | 小1節 |
| ごぼう | | ½本 |
| 冷凍里いも | | 200g |
| サラダ油 | | 大さじ2 |
| A | 醤油 | 50㎖ |
| | 和風だしの素 | 小さじ1 |
| B | 酒、みりん | 各200㎖ |

作り方

## 1 — 下ごしらえをする

干ししいたけは水500mℓにつけて、冷蔵庫でひと晩かけてもどしておく（もどし汁はとっておく）。こんにゃくは食べやすい大きさにちぎり、3分ほど下ゆでする。にんじんは1.5cm幅の半月切りに、たけのこの根元はいちょう切りに、穂先は食べやすく切る。れんこんは1.5cm幅のいちょう切りにし、酢少々（分量外）を加えた水にさらしてから水けをきる。ごぼうは乱切りにし、水にさらしてから水けをきる。鶏肉はP34〜35を参照して下処理し、ひと口大に切る。

食材ごとに適切な下ごしらえをすることで、素材の味がはっきり出る煮物に。

## 2 — 鶏肉を焼きつける

フライパンにサラダ油を強火で熱し、鶏肉の皮を下にして入れる。焼き色がついたら裏返し、裏面にも焼き色がついたら取り出す（鍋に残った脂は残しておく）。

これくらいで裏返す

肉に焼き色をつけることで味に深みが出る。

## 3 — ふたをして煮る

**2**のフライパンに鶏肉以外の**1**と凍った状態の里いもを入れて強火にかけ、肉の脂をからめる。**A**を加えてからめ、**B**としいたけのもどし汁200mℓを加えてひと混ぜし、ふたをして中火にし、時々混ぜながら10分ほど煮る。

たっぷりの煮汁で煮るよりも、少なめの煮汁で煮る方が塩分と水分の移動が効率的になり、食材に味が入りやすく、食材からのうまみも引き出しやすい。

## 4 — 肉を戻し入れる

**2**を戻し入れ、再びふたをして、20分ほど煮る。

## 5 — 煮詰める

ふたをはずして強火にし、煮汁が半量ほどになるまで煮詰める。火を止め、常温になるまで冷ます。

冷蔵庫でひと晩寝かせると、さらに味がなじむ。

# 味玉

トロトロの半熟具合が食欲をそそる

## ポイント

1. たれは冷ます

2. ゆで時間は7分

3. 漬け込みは冷蔵庫で

## 材料（4個分）

| | | |
|---|---|---|
| 卵 | | 4個 |
| A 醤油 | | 100㎖ |
| 砂糖 | | 大さじ3 |
| 焼肉のたれ | | 小さじ1 |

## 作り方

**1** — **漬けだれを作る**

フライパンに**A**を入れて強火にかけ、時々混ぜながら半量ほどになるまで煮詰める。火を止め、常温になるまで冷ます。

しっかり冷まし、卵に必要以上に火が入らないようにする。

**2** — **卵をゆでる**

鍋を中火にかけて湯を沸かす。卵を入れ、弱火にして7分ゆでる。冷水に当てながら皮をむき、手で触れられるほどの温度まで冷ます。

冷蔵庫から出したての卵を沸騰した湯に入れ、きっかり7分加熱で、ほどよいゆで上がりに。

**3** — **冷蔵庫で漬ける**

ファスナーつき保存袋に**1**、**2**を入れ、なるべく空気が入らないように口を閉じ、冷蔵庫でひと晩〜ふた晩おく。

卵に余計な熱が加わるのを防ぐため、冷蔵庫で漬ける。

# 焼豚

ポイント

1. 水からゆでる
2. 焼き色をつける
3. 味を含ませるのは冷蔵庫で

## 材料（1本分）

豚肩ロースかたまり肉
（たこ糸でしばってあるもの）…… 400〜500g

| A | にんにく | 1片 |
|---|---|---|
| | しょうが | 2かけ |
| | 長ねぎの青い部分 | 1本分 |
| | サラダ油 | 大さじ2 |
| B | 醤油 | 100㎖ |
| | 砂糖 | 大さじ4 |

しっとりやわらか
ラーメン屋さんの味

## 作り方

### 1 — 下ゆでをする

鍋にたっぷりの水と豚肉、Aを入れて強火にかけ、煮立ったらアクを取り、弱火にして1時間ほどゆでる。

かたまりのまま水からゆでた方がゆっくりと熱が入り、必要以上に水分が抜けないので、やわらかく仕上がる。

### 2 — 焼き色をつける

フライパンにサラダ油を強火で熱し、1の豚肉を入れ、全面に焼き色がつくまで面を変えながら焼く。いったん火を止め、フライパンの温度を下げる。

これくらいで火を止める

肉に焼き色をつけることで、味に深みが出る。

### 3 — たれをからめる

Bを加えて中火にかけ、2を転がしながら、たれが半量ほどになるまで煮詰め、からめる。火を止め、常温になるまで冷ます。

### 4 — 冷蔵庫で寝かせる

ファスナーつき保存袋に入れ、なるべく空気が入らないように口を閉じ、冷蔵庫でひと晩おく。

煮ながら味を含ませようとすると、食感がやわらかくなりすぎてしまうので、煮汁に漬けてひと晩おく。

バターの風味がふわり
なめらかな仕上がり

マッシュポテト

ポイント

1. ゆでるのは弱火で

2. 皮の香りを生かす

3. バターをケチらない

材料（4人分）

じゃがいも（メークイン） ……… 3個（400g）
塩 ……… 10g（約小さじ2弱・水の1％）
牛乳 ……… 200㎖
（仕上がりのやわらかさによって調整）
バター ……… 100g（じゃがいもの25％）

作り方

**1** —

### じゃがいもを切る

じゃがいもは皮をむき（皮はとっておく）、2cm
幅の輪切りにする。水に3分ほどさらし、さ
っと洗う。

切ってからゆでること
で、短い時間でムラな
く加熱でき、裏ごしも
スムーズにできる。

**2** —

### ゆでる

鍋に水1ℓと塩、じゃがいもを入れて中火に
かけ、煮立ったら弱火にして20分ほど、菜
箸がすっと刺さるくらいまでゆでる。

粘りが出るのを抑えて
ベタつくのを防ぐため、
ゆでるときの湯温は水
面がゆらゆらするくら
いの温度（約80℃）に。

**3** —

### 牛乳に皮の香りを移す

別の鍋に牛乳とじゃがいもの皮を入れ、弱火
で1分ほど温め、皮を取り除く。

皮にはじゃがいもの香
りが残っているので、
牛乳と一緒に加熱して
香りをつける。

**4** —

### 裏ごしする

**2**を裏ごし器で裏ごしする。

網目に何度もこすりつ
けると、細胞が壊れて
粘りが出てしまうので、
1切れにつき1～2回、
ギュッと押し出すよう
に裏ごしする（裏ごし
器がなければ、ざるな
どを利用しても）。

**5** —

### 仕上げる

**4**をきれいな鍋に移し、中火にかけ、1分ほ
ど軽く混ぜながら水分を飛ばす。バターを加
え、溶けたら**3**を3回ほどに分けて加え、そ
の都度軽く混ぜ、好みのかたさにする。

バターはじゃがいもの
重量の25%ほど、たっ
ぷりと加えて風味豊か
に。こねると粘りが出
てしまうので、混ぜる
のは最低限の力で行う。

# きんぴらごぼう

ゆずこしょうが香りと辛みのアクセントに

## ポイント

1. 繊維の方向と幅を意識して切る
2. ごぼうは水にさらさない
3. 甘みを辛みで締める

## 材料（4人分）

| | | |
|---|---|---|
| ごぼう | | 1本 |
| にんじん | | 1本 |
| ごま油 | | 大さじ2 |
| **A** みりん | | 大さじ3 |
| 醤油 | | 大さじ1 |
| ゆずこしょう | | 適量 |

## 作り方

**1**

### 材料を切る

ごぼう、にんじんは斜め薄切りにしてから3〜4mm幅の細切りにする。

この切り方だと食感がほどよく、おいしいきんぴらに。できるだけ幅をそろえて切る。ごぼうは水にさらさずに炒めて、風味を残す。

**2**

### 炒める

フライパンにごま油を中火で熱し、**1**を炒める。油がまわったら、**A**を加えてからめる。汁けがなくなったら火を止め、ゆずこしょうを加えてあえる。

ゆずこしょうのキリッとした辛みがアクセントに。

# ほうれん草のおひたし

正しいゆで方を知れば
ほうれん草が
よりおいしく

## ポイント

1. ほうれん草はゆでる前に切ってOK

2. ゆでる順番を守ってアクを制する

3. すぐに冷水にさらす

## 材料（4人分）

ほうれん草 ·········· 1束
醤油、削り節 ·········· 各適量

## 作り方

**1** —

### ほうれん草を切る

ほうれん草は長さを半分に切る。

家庭用の鍋では1束をそのままゆでるのが難しいこともあるため、ゆでる前に切ってしまってOK。

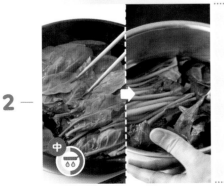

**2** —

### ゆでる

鍋を中火にかけてたっぷりの湯を沸かし、ほうれん草の根元側を入れる。25〜30秒ゆでて引き上げ、すぐに冷水にさらす。続いてほうれん草の葉を入れ、10〜15秒ゆでて引き上げ、すぐに冷水にさらす。水けを絞ったら、さらに半分に切って器に盛り、醤油、削り節をかける。

根元側の方がアクが少ないので、先にゆでる。ゆで上がったらすぐに冷水に取り、余分な熱が入らないようにする。

# 無限ピーマン

塩昆布を調味料代わりに使い
うまみの相乗効果で
箸が止まらない

## ポイント

1. 繊維を断つように切る
2. 焼きつけるように炒める
3. うまみの相乗効果を狙う

## 材料（4人分）

| | |
|---|---|
| ピーマン | 4個 |
| ツナ缶（油漬け） | 小1缶 |
| ごま油 | 大さじ1 |
| 和風だしの素 | 小さじ1 |
| 塩昆布 | 大さじ1 |

## 作り方

**1**

### ピーマンを切る

ピーマンは縦半分に切ってから、横に5mm幅に切る。

繊維を断つように切ると細胞が壊れて、ピーマンの風味が強調される。

**2**

### 炒める

フライパンにごま油を中火で熱し、**1**を入れ、あまり触らずに焼きつけるように炒める。しんなりしてきたら軽く油をきったツナを加え、さっと炒め合わせる。火を止め、和風だしの素、塩昆布を加えて混ぜる。

焼きつけるように炒めて、香ばしさをつける。和風だしのうまみ成分・イノシン酸と、昆布のうまみ成分・グルタミン酸の相乗効果で、グッとおいしさがアップ。

これさえ
あれば満足！

# 定番のごはんもの

和洋中とバラエティ豊かな、家庭で作れる定番のごはんもの。カレーライスに炒飯、オムライスなど。多くの人が作ったことのある料理だからこそ、今までで一番おいしく作るコツを伝授します。

3章

# カレーライス

## ポイント

① 肉にしっかり焼き色をつける

② 蒸し煮で味しみしみ

③ ルウは2種類使う

## 材料（4人分）

| | |
|---|---|
| 牛肉（カレー用） | 300g |
| 玉ねぎ | 1個 |
| にんじん | 1本 |
| じゃがいも | 3〜4個 |
| にんにく（みじん切り） | 1片分 |
| しょうが（みじん切り） | 薄切り2枚分 |
| サラダ油 | 大さじ2 |
| 塩 | 小さじ⅓ |
| こしょう | 適量 |
| カレールウ（市販／2種類使うのがおすすめ） | 4皿分 |
| 温かいごはん | 適量 |

作り方

**1** —

### 材料を切る

玉ねぎは2cm幅のくし形切り、にんじんは2〜3cm角に切る。じゃがいもは3cm角に切り、水にさらしてから水けをきる。

**2** —

強

### 焼く

鍋にサラダ油を強火で熱し、牛肉を入れ、塩、こしょうをふる。面を変えながらこんがりするまで焼く。

肉に焼き色をつけることで、味に深みが出る。

**3** —

弱 → 中

### 炒める

弱火にし、にんにく、しょうがを加える。香りが立ったら**1**を加え、中火にしてひと炒めする。

**4** —

中

### 蒸し煮にする

油がまわったら水50〜100mlを加えてふたをし、時々混ぜながら野菜がやわらかくなるまで蒸し煮する。途中水分がなくなったら、適宜水少々を足す。

煮るよりも蒸し煮にする方が塩分と水分の移動が効率的になり、食材に味が入りやすく、食材からのうまみも引き出しやすい。

**5** —

弱

### 仕上げる

野菜がやわらかくなったら、ひたひたの水を加える。ひと煮立ちしたら火を止め、ルウを加えて混ぜ溶かす。弱火にかけ、時々混ぜながら10分ほど煮る。ごはんとともに器に盛る。

ルウは2種類を混ぜて使うと、味に深みが出る。溶かしやすく、ダマになるのを防ぐため、火を止めてから加えて。

香ばしく炒めた
じゃがいもで
深い味わいに

# キーマカレー

ポイント

1. じゃがいもは水にさらさない
2. 肉にしっかり焼き色をつける
3. じゃがいもは仕上げに戻す

材料（4人分）

| | |
|---|---|
| 合いびき肉 | 300g |
| 玉ねぎ | 1個 |
| ピーマン | 2個 |
| じゃがいも | 2個 |
| にんにく（みじん切り） | 1片分 |
| しょうが（みじん切り） | 薄切り2枚分 |
| サラダ油 | 適量 |
| カレールウ（市販） | 3皿分 |
| 塩 | ひとつまみ |
| こしょう | 適量 |
| 温かいごはん | 適量 |
| 卵黄 | 4個分 |
| パセリ（みじん切り） | 適宜 |

| 作り方 |
| --- |

## 1

### 材料を切る

玉ねぎは粗みじん切りにする。ピーマンは7
〜8mm四方、じゃがいもは皮つきのまま7〜
8mm角に切る。

じゃがいもは水にさら
さず、断面から出てく
るでんぷんをつけたま
まにすることで、炒め
たときに香ばしくなる。

## 2

強

### じゃがいもを焼きつける

フライパンにサラダ油を鍋底に1mm深さほど
入れて強火で熱し、じゃがいもを焼きつける。
焼き色がついたら取り出し、油をきる。

じゃがいもを香ばしく
焼くことで、味に重厚
感を持たせることがで
きる。

## 3

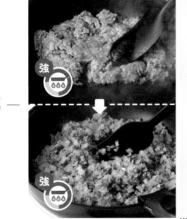

強

強

### 他の具を炒める

2のフライパンを強火で熱し、ひき肉を入れ
て塩、こしょうをふり、ほぐさずに軽く押さ
えながら焼く。焼き色がついたらサラダ油大
さじ1を足し、にんにく、しょうがを加えて
炒め合わせる。香りが立ったら玉ねぎを加え
て透き通るまで炒め、ピーマンを加えてさっ
と炒める。

ひき肉をかためて焼く
ことで、香ばしくなり、
おいしさアップ。

## 4

中

### 仕上げる

ひたひたの水を加え、ひと煮立ちしたら火を
止め、ルウを加えて混ぜ溶かす（味を見て、ル
ウや水が足りなければ足す）。中火にかけて2を
戻し入れ、さっと混ぜる。ごはんとともに器
に盛り、卵黄をのせ、パセリをふる。

ルウは溶かしやすく、
ダマになるのを防ぐた
め、火を止めてから加
えて。
じゃがいもは仕上げに
戻し入れ、香ばしさや
食感を残す。

ハヤシライス

赤ワインで本格味に
しっかり引き出して
きのこのうまみを

## ポイント

1. 肉にしっかり焼き色をつける

2. きのこは低温で炒める

3. ルウは火を止めてから

## 材料（4〜6人分）

| | |
|---|---|
| 牛こま切れ肉 | 400g |
| しめじ | 1パック |
| マッシュルーム | 1パック |
| 玉ねぎ | ½個 |
| にんにく（みじん切り） | 1片分 |
| トマト水煮缶（カット） | ½缶（200g） |
| サラダ油 | 大さじ2 |
| 塩 | ふたつまみ |
| こしょう | 適量 |
| 赤ワイン | 100㎖ |
| ハッシュドビーフルウ（市販） | 4皿分 |
| はちみつ | 大さじ2 |
| バター | 20g |
| 温かいごはん | 適量 |

◎ソフリット（作りやすい分量）

| | |
|---|---|
| 玉ねぎ（みじん切り） | 1個分 |
| にんじん（みじん切り） | 1本分 |
| セロリ（みじん切り） | 1本分 |
| オリーブオイル | 大さじ2 |
| 塩 | ひとつまみ |

作り方

**1** —

### ソフリットを作る

鍋にオリーブオイルをひいて野菜をすべて入れ、塩をふる。中火にかけ、大きく混ぜながら5分ほど炒めたら強火にし、さらに15〜20分炒める。玉ねぎが薄いあめ色になり、炒め始めの 1/3 量ほどになったら保存容器に移す（すぐ使う分以外は、冷凍保存可能）。

これくらいで火を止める

ソフリットは他のレシピでも使用するので、保存しておくと便利。

**2** —

### 材料を切る

しめじは小房に分ける。マッシュルームは2mm幅の薄切り、玉ねぎは縦に薄切りにする。

**3** —

### 肉を焼く

フライパンにサラダ油をひき、牛肉を並べ入れ、塩、こしょうをふって強火にかける。片面に焼き色がついたら取り出す。

これくらいで取り出す

肉に焼き色をつけることで、味に深みが出る。

**4** —

### きのこを炒める

**3**のフライパンに、しめじ、マッシュルームを入れ、フライパンに残った油をからめる。弱火にかけ、触らずに5分ほど焼き、上下を返してさらに5分ほど焼く。玉ねぎを加えて強火にし、焼き色がつくまで炒める。

弱火でじっくりと加熱してうまみ成分を引き出し、最後に強火で香ばしさをつける。

**5** —

### 仕上げる

にんにくを加え、香りが立ったら赤ワインを加え、30秒ほど加熱してアルコールを飛ばす。**1**大さじ2、トマト缶、**3**、ひたひたの水を加え、ひと煮立ちしたら火を止め、ルウを加えて混ぜ溶かす。弱火にかけて10分ほど煮て、はちみつ、バターを加えて溶かす。ごはんとともに器に盛る。

ルウは溶かしやすく、ダマになるのを防ぐため、火を止めてから加えて。

# 牛丼

ポイント

① 玉ねぎは繊維に沿って切る

② 牛脂で玉ねぎを炒める

③ 肉は薄くて脂身が多いものを選ぶ

シンプルながらも一体感のある味に仕上がる

材料（2〜3人分）

| | |
|---|---|
| 牛バラ薄切り肉 | 400g |
| 玉ねぎ | 1個 |
| 牛脂 | 適量 |
| A しょうが | 薄切り2枚 |
| 白ワイン | 100mℓ |
| 砂糖、醤油 | 各大さじ3 |
| 和風だしの素 | 小さじ1 |
| 温かいごはん | 適量 |

作り方

**1**

### 玉ねぎを切る

玉ねぎは縦半分に切り、それぞれ6等分のくし形切りにする。

食感を残すために、繊維と平行に切る。

**2**

### 玉ねぎを炒める

フライパンに牛脂を入れ、中火にかける。脂が溶けたら**1**を入れ、焼き色がつくまで炒めて取り出す（鍋に残った脂は残しておく）。

玉ねぎは牛脂で炒め、香ばしさと肉の香りをつけることで、一体感のある仕上がりに。

**3**

### 肉をゆでる

**2**のフライパンに水1ℓを入れて中火にかけ、煮立ったら牛肉を入れてほぐしながらゆでる。

赤身は煮込むとかたくなるので、煮込んでもやわらかいバラ肉など、脂身が多く薄切りの肉がおすすめ。赤身と脂身の間にある筋（コラーゲン）も、煮込むことでやわらかくなる。

**4**

### 煮る

アクを取り、**A**を加えて煮立て、10分ほど煮る。**2**を戻し入れ、さらに4〜5分煮る。ごはんとともに器に盛る。

# 炒飯

高温で炒めてパラパラに

## ポイント

1. 冷たいごはんを使う
2. ごはんに酒を混ぜる
3. 大きなフライパンを使う

## 材料（2人分）

| | |
|---|---|
| 冷やごはん | 1合分 |
| 溶き卵 | 2個分 |
| ハム | 4枚 |
| 長ねぎ（みじん切り） | ⅓本分 |
| 酒 | 大さじ4 |
| サラダ油 | 大さじ2〜3 |
| 塩 | 小さじ½ |
| こしょう | 少々 |
| 醤油 | 小さじ1 |

## 作り方

**1**

### 材料を切る

ハムは6〜7mm角に切る。

**2**

### ごはんに酒を混ぜる

ボウルにごはんを入れ、酒をかけ、ほぐすように混ぜる。

> パラパラに仕上げたいので、粘りの少ない冷たいごはんを使い、酒をふってほぐしておく。

**3**

### 炒める

フライパンにサラダ油を強火で熱し、溶き卵、**2**を入れ、ゴムべらで切るように炒める。ごはんがほぐれたら塩をふり、ハム、長ねぎを加えて炒め合わせる。こしょう、醤油を加えてさっと炒める。

> フライパンは大きめのものを使うのがおすすめ。温度が下がりにくいので、パラパラになりやすい。

豚バラのコクと
キムチのうまみ、辛みで
いくらでも食べられる

# キムチ炒飯

ポイント

1. 先に具材を炒める
2. ごはんに酒を混ぜる
3. 大きなフライパンを使う

材料（2人分）

| | |
|---|---|
| 冷やごはん | 1合分 |
| 豚バラ薄切り肉 | 60g |
| 白菜キムチ | 120g |
| 溶き卵 | 2個分 |
| 小ねぎ | 4本 |
| 酒 | 大さじ4 |
| サラダ油 | 適量 |
| 塩、こしょう | 各適量 |
| 醤油 | 小さじ1 |

作り方

### 1 ─ 材料を切る

豚肉は1cm幅に、キムチは2cm角に切る。小ねぎは2cm長さに切る。

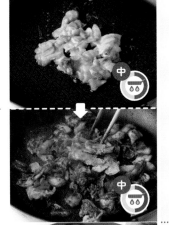

### 2 ─ 具材を炒める

フライパンにサラダ油大さじ1を熱し、豚肉を入れて中火にかけ、塩、こしょうをふる。焼き色がついたら裏返し、キムチを加えてさっと炒め合わせて、取り出す。

これくらいで裏返す

炒飯で大事なのはごはんの炒め方。ごはんを炒めているときに他の具材に気を取られないように、先に調理しておく。

### 3 ─ ごはんに酒を混ぜる

ボウルにごはんを入れ、酒をかけ、ほぐすように混ぜる。

パラパラに仕上げたいので、粘りの少ない冷たいごはんを使い、酒をふってほぐしておく。

### 4 ─ 仕上げる

別のフライパンにサラダ油大さじ2程度を強火で熱し、溶き卵、**3**を入れ、ゴムべらで切るように炒める。ごはんがほぐれたら**2**を戻し入れ、小ねぎを加えて炒め合わせる。塩、醤油を加えてさっと炒める。

フライパンは大きめのものを使うのがおすすめ。温度が下がりにくいので、パラパラになりやすい。

半熟のトロトロ卵を
トッピング

# オムライス

① ごはんに酒を混ぜる

② 市販のルウをソースに

③ 包むのはあきらめる

材料（2人分）

| | | |
|---|---|---|
| 冷やごはん | | 1合分 |
| ハム | | 4枚 |
| 玉ねぎ | | ¼個 |
| ピーマン | | 1個 |
| 溶き卵 | | 6個分 |
| 酒 | | 50㎖ |
| サラダ油 | | 大さじ2 |
| A | トマトケチャップ | 大さじ3 |
| | ウスターソース | 小さじ1 |
| バター | | 20g |
| 赤ワイン | | 100㎖ |
| ビーフシチュールウ（市販） | | 1皿分 |
| パセリ（みじん切り） | | 適宜 |

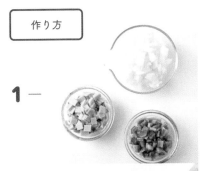

## 作り方

**1**

### 材料を切る

ハム、玉ねぎ、ピーマンはそれぞれ7mm角に
切る。

**2**

### ごはんに酒を混ぜる

ボウルにごはんを入れ、酒をかけ、ほぐすよ
うに混ぜる。

パラパラに仕上げたい
ので、粘りの少ない冷
たいごはんを使い、酒
をふってほぐしておく。

**3**

### 炒める

大きめのフライパンにサラダ油を中火で熱し、
**1**をさっと炒める。**A**を加えてなじませ、**2**
を加え、ゴムべらで切るように炒める。器に
盛る。

フライパンは大きめの
ものを使うのがおすす
め。温度が下がりにく
いので、パラパラにな
りやすい。

**4**

### ソースを作る

別のフライパンに赤ワインを入れて中火にか
け、アルコールを飛ばす。水100ml、ルウを
加えて混ぜ溶かし、フライパンの上で軽く線
がかけるくらいまで煮詰める。

ビーフシチュールウは
デミグラスソースが入
っているものが多く、
使用することでケチャ
ップよりも大人味のソ
ースが簡単に作れる。

**5**

### 卵を炒める

別のフライパンにバターを中火で溶かし、溶
き卵を流し入れ、半熟になるまで混ぜる。器
に盛った**3**にのせ、**4**をかけ、パセリをふる。

卵はきれいに形作らな
くてもOK。ゆるめの
スクランブルエッグく
らいに仕上げるのがお
すすめ。

# ガパオライス

### ポイント

① 鶏ひき肉はももを使う

② 肉にしっかり焼き色をつける

③ バジルは火を止めてから混ぜる

### 材料（2人分）

| | |
|---|---|
| 鶏ひき肉（もも） | 300g |
| ピーマン | 1個 |
| パプリカ（赤） | ¼個 |
| 玉ねぎ | ¼個 |
| スイートバジル | 適量 |
| にんにく（粗みじん切り） | 1片分 |
| 赤唐辛子（小口切り） | 1本分 |
| 塩 | ひとつまみ |
| こしょう | 適量 |
| サラダ油 | 大さじ2 |
| A　酒、ナンプラー | 各大さじ1 |
| 　　砂糖 | 小さじ2 |
| 　　醤油、オイスターソース | 各小さじ1 |
| 温かいごはん | 適量 |
| 目玉焼き（P105参照） | 2個 |

### 作り方

**1**

#### 材料を切る

ピーマンは7mm幅の細切りにし、長さを半分に切る。パプリカは7mm角に切る。玉ねぎは縦薄切りに、バジルは半分にちぎる。

**2**

#### ひき肉を炒める

フライパンにサラダ油を強火で熱し、ひき肉を入れる。塩、こしょうをふり、ほぐさずに、軽く押さえながらかためて焼く。焼き色がついたら裏返し、2cm角にくずす。

これくらいで裏返す

ひき肉は、脂身が多いももがジューシーに仕上がるのでおすすめ。かためて焼くことで、香ばしい焼き色がついておいしさアップ。

**3**

#### 仕上げる

中火にしてにんにく、赤唐辛子を加えて炒め、香りが立ったら玉ねぎ、ピーマン、パプリカを加えて炒め合わせる。Aを加え、30秒ほど炒めたら火を止め、バジルを加えて混ぜる。ごはんとともに器に盛り、目玉焼きをのせる。

バジルは火を止めてから加えることで、香りが飛ばずに残る。

鶏ときのこ
塩昆布のうまみが凝縮

# 炊き込みごはん

ポイント

1. ごぼうをカリカリに揚げる
2. 鶏肉に焼き色をつける
3. うまみの相乗効果を狙う

材料（4人分）

| | |
|---|---|
| 米 | 3合 |
| 鶏もも肉 | 1枚 |
| ごぼう | 1本 |
| にんじん | 1本 |
| しめじ（好みのきのこでOK） | 1パック |
| 塩昆布 | 大さじ1 |
| サラダ油 | 大さじ2 |
| A｜酒、みりん、醤油 | 各大さじ2 |

作り方

**1** —

### 材料を切る

ごぼうは斜め薄切りにする。にんじんは1cm四方の薄切りにする。しめじはほぐす。鶏肉はP34〜35を参照して下処理し、2cm角に切る。下処理で切り取った皮は1cm四方に切る。

**2** — 中

### ごぼうを揚げ焼きにする

フライパンにサラダ油を中火で熱し、ごぼうを入れて揚げ焼きにする。こんがりしたら取り出す。

ごぼうの香りとうまみが炊き込みごはんの風味を左右するので、じっくりと揚げ焼きにして香ばしさをプラスし、うまみを凝縮させる。

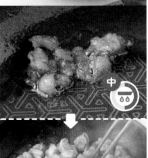

**3** — 中 強

### 鶏肉を焼く

**2**のフライパンに鶏皮を入れて揚げ焼きにし、こんがりとしたら取り出す。続いて鶏肉を皮を下にして入れ、強火で両面に焼き色がつくまで焼く。

皮面から焼き、皮は高温、身は間接的に低い温度で加熱することで、皮はパリッと、身はふっくらと焼き上がる。しっかり焼き色をつけて、香ばしく。

**4** —

### 炊く

炊飯器に洗った米を入れ、3合の目盛りまで水を加える。すべての具材と**A**、塩昆布を加え、軽く混ぜて炊く。

鶏肉のイノシン酸、昆布のグルタミン酸、きのこのグアニル酸、3つのうまみ成分の相乗効果でグッとおいしさがアップ。

# きのこの炊き込みごはん

きのこをじっくり焼いてうまみを引き出す

## ポイント

1. きのこは数種類をたっぷりと
2. きのこは低温で焼く
3. うまみの相乗効果を狙う

## 材料（4人分）

| | |
|---|---|
| 米 | 3合 |
| しめじ、まいたけ、エリンギ | 各1パック |
| 塩昆布 | 大さじ2 |
| サラダ油 | 大さじ2 |
| A　めんつゆ（2倍濃縮） | 大さじ4 |
| 　　酒 | 大さじ2 |

## 作り方

### 1 — 材料を切る

しめじ、まいたけはほぐす。エリンギは食べやすい大きさの薄切りにする。塩昆布は細かく刻む。

きのこは、よりうまみが出るよう、数種類を合わせてたっぷりと。

### 2 — きのこを焼く

フライパンにきのこを入れ、サラダ油をまわしかけてからめる。強火にかけ、パチパチと音がしてきたら弱火にし、動かさずに5分、上下を返して5分焼く。強火にし、焼き色がついたら取り出す。

強 → 弱 → 強

これくらいで取り出す

弱火でじっくりと加熱してうまみ成分を引き出し、最後に強火で香ばしさをつける。

### 3 — 炊く

炊飯器に洗った米を入れ、3合の目盛りまで水を加える。2とA、塩昆布を加え、軽く混ぜて炊く。

昆布のグルタミン酸と、きのこのグアニル酸、めんつゆに含まれるかつおだしのイノシン酸の相乗効果で、グッとおいしさがアップ。

簡単に店の味！

# 定番の麺料理

忙しいときこそ、パスタの存在は有難いもの。様々な種類のパスタを、本格的な味に仕上げました。実は深い、パスタのおいしいゆで方についてもご紹介。屋台のような焼きそばのレシピもありますよ。

4章

# おいしいパスタのゆで方

パスタを作るとき、湯や塩の量はどれも同じだと思っていませんか？　実はどんなパスタを作るかによって、ゆでる湯と塩の量を変えると、よりおいしくなるんです。基本的にはたっぷりの湯でゆでればいいのですが、乳化（水と油がしっかり混ざった状態）が必要なパスタの場合は少なめの湯でゆでるのがポイント。ぜひ試してみてください。

## 基本的なパスタの場合

たっぷりの湯を沸かして

ボロネーゼ（P84）、カルボナーラ（P87）、
ナポリタン（P90）におすすめ

材料（2人分）

| | |
|---|---|
| スパゲッティ | 200g |
| 湯 | 2ℓ |
| 塩 | 20g |

# オイル系パスタ などの場合

湯も塩も半量でOK！

トマトソーススパゲッティ（P86）、ペペロンチーノ（P88）、明太子スパゲッティ（P91）、和風きのこパスタ（P92）におすすめ

材料（2人分）

| | |
|---|---|
| スパゲッティ | 200g |
| 湯 | 1ℓ |
| 塩 | 10g |

オイル系パスタなどは後々乳化させるので、少ない湯でゆでて、乳化剤の役割をする小麦粉成分の濃度を上げる。

ゆで方（共通）

**1** — 鍋を中火にかけて湯を沸かし、しっかり沸騰したら塩を加える。

**2** — スパゲッティを入れ、時々混ぜながら袋の表示時間通りにゆでる。

赤ワインと
ビーフシチュールウで
本格的な味わいに

# スパゲッティボロネーゼ

## ポイント

1. ひき肉をかためて焼く
2. 肉のかたまりをくずしすぎない
3. ルウでコク出し

## 材料（2人分）

| | |
|---|---|
| スパゲッティ（乾麺） | 200g |
| 〈ボロネーゼソース〉 | |
| 　合いびき肉 | 300g |
| 　オリーブオイル | 大さじ1 |
| 　塩 | 小さじ½ |
| 　こしょう | 小さじ½ |
| 　にんにく（みじん切り） | 1片分 |
| 　赤ワイン | 100㎖ |
| 　ソフリット（P68参照） | 大さじ1 |
| 　トマト水煮缶（カット） | ½缶（200g） |
| 　ビーフシチュールウ（市販） | 1皿分 |
| バター | 10g |
| こしょう、粉チーズ、パセリ（みじん切り） | |
| | 各適宜 |

作り方

**1** ─

### ひき肉を焼く

フライパンにオリーブオイルを強火で熱し、ひき肉を入れて塩、こしょうをふり、ほぐさずに軽く押さえつけながら片面を焼く。

ひき肉をかためて焼くことで香ばしくなり、おいしさアップ。

**2** ─

これくらいで
裏返す

### 裏面を焼く

かたまりをくずさないように裏返し、裏面にも焼き色がついたら弱火にし、にんにくを加える。ひき肉をざっくりとくずし、にんにくが軽く色づくまで炒める。

ひき肉はくずしすぎない方が、肉の存在感が楽しめる。

**3** ─

### 赤ワインを加える

赤ワインを加えて強火にし、30秒ほど加熱してアルコールを飛ばす。

**4** ─

### 煮詰める

ソフリット、トマト缶を加えて軽く混ぜ、フライパンの上で軽く線がかけるくらいまで煮詰める。

**5** ─

### ルウを加える

ひたひたの水とルウを加えて混ぜ溶かす。

ビーフシチュールウはデミグラスソースが入っているものが多く、使用することでコクのある重厚な味わいに。

**6** ─

### 仕上げる

スパゲッティをゆでる（P82参照）。**5**のフライパンを弱火にかけソースが温まったら、ゆで上がったスパゲッティと、ゆで汁をお玉1杯ほど加えてあえる。バターを加えて混ぜ溶かす。器に盛り、お好みでこしょう、粉チーズ、パセリをかける。

フライパンの中でソースを吸わせながら仕上げることで、一体感が出ておいしくなる。

# トマトソーススパゲッティ

ポイント

① オリーブオイルはたっぷりと

② 調味はソースを煮込んだ後に

③ ソースを吸わせて仕上げる

パスタの定番ソースはオイルたっぷりで風味アップ

## 材料（2人分）

| | |
|---|---|
| スパゲッティ（乾麺） | 200g |
| 〈トマトソース〉（作りやすい分量） | |
| トマト水煮缶（ホール） | 2缶（800g） |
| 玉ねぎ | ¼個 |
| にんにく | 1片 |
| オリーブオイル | 100㎖ |
| オレガノ（ドライ） | 小さじ1 |
| バター | 10g |
| スイートバジル | 適量 |
| 塩、こしょう | 各適量 |

## 作り方

**1**

### 玉ねぎとにんにくを切る

玉ねぎ、にんにくはみじん切りにする。

**2**

### ソースのベースを作る

鍋にオリーブオイル、**1**を入れて弱火にかける。香りが立ったら火を止める。トマト缶、オレガノを加え、軽く混ぜて再び弱火にかけ、20分ほど煮たら火を止め、へらでトマトをくずす。

材料がシンプルなパスタは、オリーブオイルをコク出しの調味料と捉えてたっぷり使うのが吉。トマトだけだと味の深みに欠けるので、にんにくとオレガノで香りを、玉ねぎで甘みとうまみをプラス。

**3**

### 味をととのえる

**2**を2人分（300g）取り分け、フライパンに入れる（残りは冷凍保存可能）。トマトソースの重量の0.8%の塩（2.4g。約小さじ⅓弱）、こしょうを加える。

加熱後に味をととのえることで、濃くなりすぎたり、薄くなりすぎたりするのを防ぐ。

**4**

### 仕上げる

スパゲッティをゆでる（P82参照）。**3**のフライパンを弱火にかけソースが温まったら、ゆで上がったスパゲッティを加えて40秒ほど混ぜ、バターを加えて混ぜ溶かす。器に盛り、バジルをのせる。

フライパンの中でソースを吸わせながら仕上げることで、一体感が出ておいしく。バターを加えることで味の深みが増す。

# カルボナーラ

数種のチーズと卵黄で
濃厚ソースに

ポイント

① チーズは数種類使う

② 先にチーズをからめる

③ 卵黄は最後に加える

材料（2人分）

| | |
|---|---|
| スパゲッティ（乾麺） | 200g |
| 卵黄 | 2個分 |
| ベーコン | 80g |
| 粉チーズ | 大さじ2 |
| ピザ用チーズ | ひとつかみ |
| スライスチーズ | 2枚 |
| オリーブオイル | 大さじ4 |
| こしょう | 適量 |

作り方

## 1 — 下ごしらえをする

ベーコンを7mm幅に切る。スライスチーズはちぎる。

チーズは数種類を混ぜて使うことで、味に奥行きが出る。

## 2 — ベーコンを炒める

フライパンにオリーブオイルを弱火で熱し、ベーコンを焼き色がつくまで炒め、火を止める。

## 3 — 仕上げる

スパゲッティをゆでる（P82参照）。ゆで上がったスパゲッティを2のフライパンに加え、中火にかけて30秒ほど混ぜる。弱火にして1のチーズを加えて溶かし、火を止めてしばらく混ぜて温度を下げる（水分が足りない場合はゆで汁適量を加える）。卵黄を加え、フライパンの上で軽く線がかけるくらいまで混ぜる（かたさが足りない場合は、弱火にかけて混ぜながら軽く加熱する）。器に盛り、こしょうをふる。

卵黄の火の入り具合に集中するために、チーズは先に加え溶かしておくのがポイント。盛りつけの間にも熱は入り続けるので、卵黄は"ややゆるい"程度のかたさを意識して。

# ペペロンチーノ

にんにくの香りが移った
オイルをしっかり乳化させて

ポイント

1. イタリアンパセリは
火を止めてから加える

2. 乳化がうまくいくのは2人分まで

3. ソースを吸わせて仕上げる

材料（2人分）

| | |
|---|---|
| スパゲッティ（乾麺） | 160g |
| にんにく | 2片 |
| 赤唐辛子 | 2本 |
| イタリアンパセリ | 適量 |
| オリーブオイル | 大さじ4 |

作り方

**1**

### 材料を切る

にんにくはみじん切り、赤唐辛子は小口切り、イタリアンパセリは粗みじん切りにする。

**2**

### ソースを作る

フライパンにオリーブオイル、にんにくを入れて弱火にかけ、香りが立ったら火を止める。赤唐辛子、イタリアンパセリの順に加えて、その都度混ぜる。

イタリアンパセリは火を止めてから加え、香りを残し、色よく仕上げる。

**3**

### 仕上げる

スパゲッティをゆでる（P82参照）。**2**のフライパンを弱火にかけ、ゆで上がったスパゲッティを加え、40秒ほど混ぜる。

家庭用のフライパンのサイズだと、一度に簡単に乳化できるのは2人分まで。テクニックに自信がなくても、このポイントを守ればうまくいくはず。フライパンの中でソースを吸わせながら仕上げることで、一体感が出ておいしく。

# ナポリタン

懐かしのパスタを
隠し味でワンランク上に

## ポイント

1. 具材を先に炒める
2. ケチャップに隠し味を
3. パスタを炒める

## 材料（2人分）

| | |
|---|---|
| スパゲッティ（乾麺） | 200g |
| ウインナーソーセージ | 4本 |
| 玉ねぎ | ¼個 |
| ピーマン | 1個 |
| マッシュルーム | 4個 |
| トマトケチャップ | 100g |
| ウスターソース | 小さじ1 |
| サラダ油 | 大さじ1 |
| 牛乳 | 50㎖ |
| バター | 20g |

## 作り方

1 —

### 材料を切る

玉ねぎは縦1cm幅に、ピーマンは縦7mm幅に切る。マッシュルームは5mm幅の薄切りにする。ソーセージは7mm幅の斜め切りにする。

2 —

中

### 具材を炒める

フライパンにサラダ油を中火で熱し、1を炒める。軽く焼き色がついたら取り出す。

具、ケチャップともに最適な状態で仕上げるため、具材は先に炒めておき、後でケチャップと合わせる。

3 —

中

### ケチャップを炒める

2のフライパンにケチャップを入れて中火にかけ、2分ほど炒める。2を戻し入れてケチャップをからめ、ソースを加えて混ぜる。

ソースを少量加えることで、奥行きのある味わいになる。

4 —

中

### 仕上げる

スパゲッティをゆでる（P82参照）。ゆで上がったスパゲッティを3のフライパンに加えて中火にかけ、具材とからめながら炒める。バター、牛乳を加えて混ぜる。

やわらかめにゆでたスパゲッティの表面を焼きつけるように炒める。外はかたく、中はやわらかく仕上がり、これが"モチッ"とした食感を作る。

# 明太子スパゲッティ

明太子の辛みの中にも
めんつゆのほどよい
甘みがやさしい

## ポイント

1. バターは軽くつぶす
2. ゆで汁は多めに入れる
3. ボウルであえる

## 材料（2人分）

| | |
|---|---|
| スパゲッティ（乾麺） | 200g |
| 明太子 | 2〜3はら |
| A　バター | 20g |
| 　　めんつゆ（2倍濃縮）、牛乳 | 各大さじ4 |
| 刻みのり、青じそ | 各適宜 |

## 作り方

**1** ─

### 下ごしらえをする

明太子は薄皮に切り込みを入れ、スプーンなどで中身をかき出す。

**2** ─

### ソースを作る

ボウルに**1**と**A**を入れ、バターをつぶしながら混ぜる。

混ぜながら軽くつぶしておくと、バターが溶けやすくなり、手早く均一にからめることができる。

**3** ─

### 仕上げる

スパゲッティをゆでる（P82参照）。ゆで上がったスパゲッティとゆで汁お玉½杯を**2**に加え、ソースが均一にからむよう手早く混ぜる。器に盛り、刻みのり、刻んだ青じそをのせる。

ゆで汁は多めに入れて、しっかり乳化させる。ボウルの中であえることで、明太子に火が入る心配をせずにソースをからめられる。ソースを吸わせながら仕上げることで、一体感が出ておいしく。

# 和風きのこパスタ

たっぷりきのこの
うまみを凝縮

仕上げのバターで香りよく

ポイント

1. きのこは低温から焼く

2. きのこにしっかり
   焼き色をつける

3. ソースを吸わせて仕上げる

材料 （2人分）

| | |
|---|---|
| スパゲッティ（乾麺） | 200g |
| しめじ、エリンギ、まいたけ | 各½パック |
| ベーコン | 3枚(50g) |
| サラダ油 | 大さじ3 |
| A　めんつゆ（2倍濃縮） | 大さじ2 |
| 　バター | 10g |

092

作り方

**1 —**

### 材料を切る

しめじ、まいたけはほぐす。エリンギは食べやすい大きさの薄切りにする。ベーコンは7mm幅に切る。

**2 —**

強 弱

### きのこを炒める

フライパンにきのこを入れ、サラダ油大さじ2をまわしかけてからめる。強火にかけ、パチパチと音がしてきたら弱火にし、動かさずに5分ほど、上下を返して5分ほど焼く。強火にし、焼き色がついたら取り出す。

これくらいで
取り出す

弱火でじっくりと加熱することで、うまみ成分を引き出し、最後に強火で香ばしさをつける。

強

**3 —**

弱

### ベーコンを炒める

フライパンにサラダ油大さじ1を弱火で熱し、ベーコンを炒める。焼き色がついたら火を止める。

これくらいで
火を止める

しっかり焼き色をつけて、香ばしく。

**4 —**

弱

### 仕上げる

スパゲッティをゆでる（P82参照）。ゆで上がったスパゲッティを**3**のフライパンに加え、弱火にかけて**40秒**ほど混ぜる。**2**を戻し入れ、**A**を加えてバターが溶けるまで混ぜる。

フライパンの中でソースを吸わせながら仕上げることで、一体感が出ておいしく。

# ソース焼きそば

野菜はシャキシャキ
肉はこんがり
屋台の味

## ポイント

① 先に具材を炒める

② 麺はレンチンする

③ 仕上げに醤油を加える

## 材料（2人分）

| | |
|---|---|
| 焼きそば用蒸し麺 | 2袋 |
| 豚バラ薄切り肉 | 80g |
| キャベツ | 1枚 |
| ピーマン | 1個 |
| 揚げ玉 | 20g |
| サラダ油 | 大さじ1 |
| 塩 | ひとつまみ |
| こしょう | 適量 |
| 焼きそばに添付のソース | 2袋分 |
| 醤油 | 小さじ2 |

## 作り方

**1**

### 材料を切る

キャベツはざく切りに、ピーマンは縦に2〜3mm幅の細切りにする。豚肉は3cm幅に切る。

**2**

### 具材を炒める

フライパンにサラダ油を中火で熱してキャベツ、ピーマンを炒め、油がまわったら取り出す。再びフライパンを中火で熱し、豚肉を広げ入れ、塩、こしょうをふる。あまり触らずに片面にしっかり焼き色をつける。

野菜、肉ともに最適な火入れで仕上げるため、野菜はあらかじめ炒めておく。肉にしっかり焼き色をつけることで味に深みが出る。

**3**

### 麺を合わせる

麺は袋のまま（少し口を開けて）電子レンジで40〜50秒加熱する。**2**のフライパンに加え、豚肉を麺の上にのせ、強火にしてあまり触らずに焼き色をつける。キャベツとピーマン、揚げ玉、添付のソース、水80mlを加えて炒め合わせ、醤油を加えて、30秒ほど炒める。

フライパンの中で麺をほぐすと、バラバラになって焼き色がつきにくくなるため、焼き色をつけた後でもほぐしやすいようにレンジ加熱をしておく。仕上げの醤油が、屋台のような香ばしさを与える。

ほっと休まる！

# 定番の スープ

僕のレシピの中で、最も反響が大きかった豚汁。ここでも、最高の豚汁をご紹介します。そのほか、具沢山のポトフ、ふわふわトロトロの卵スープなど。体があったまる食べ応え十分な、スープのレシピです。

これが僕の代表作！
肉と野菜のうまみが
凝縮した一杯

# 豚汁

1. ごぼうを香ばしく揚げる
2. 野菜に脂をからめる
3. 蒸し煮で味しみしみ

## 材料（4人分）

| | |
|---|---|
| 豚バラかたまり肉 | 300g |
| ごぼう | 1本 |
| 大根 | ⅓本 |
| にんじん | 1本 |
| 玉ねぎ | 1個 |
| にんにく（みじん切り） | 1片分 |
| しょうが（みじん切り） | ⅓かけ分 |
| サラダ油 | 大さじ4 |
| 和風だしの素 | 小さじ2 |
| 酒 | 150㎖ |
| 味噌 | 大さじ2〜3 |
| 醤油 | 小さじ2 |
| 小ねぎ、七味唐辛子 | 各適宜 |

| 作り方 |
| --- |

**1** ─

### 材料を切る

ごぼうは細い部分は輪切り、太い部分は2mm幅の斜め切りにする。大根は7mm幅のいちょう切りに、にんじんは7mm幅の半月切りにする。玉ねぎはくし形切りにする。豚肉は2〜3mm厚さに切る。

**2** ─

中　強

### ごぼうを揚げる

フライパンにサラダ油を中火で熱し、輪切りにしたごぼうを入れ、カリカリになるまで揚げ焼きにして取り出す。続いて斜め切りにしたごぼうを入れて強火にし、両面のふちに焼き色がつくまで揚げ焼きにして取り出す（フライパンの油は残しておく）。

ごぼうの香ばしさが味の骨組みになるので、しっかり揚げ焼きする。

**3** ─

強　強

### 豚肉を焼く

**2**のフライパンに豚肉を入れて強火にかけ、あまり触らずに焼く。焼き色がついたら裏返し、両面に十分に焼き色がついたら、油を3割ほど残して捨て、にんにく、しょうがを加え、軽く色づくまで炒める。

肉に焼き色をつけることで、味に深みが出る。

**4** ─

中

### 野菜を炒める

大根、玉ねぎ、にんじん、**2**を加えて中火にする。肉の脂をからめるように炒め、つやが出てきたらだしの素をふり、さっと炒める。

野菜に肉の脂がからむ頃には全体に塩分がまわるので、それを目安に炒める。塩分が入ると、蒸し煮の効果が高まる。だしの素に塩分が入っていない場合は、塩ひとつまみをふる。

**5** ─

中　中

### 蒸し煮にする

酒をふってふたをし、時々混ぜながら野菜がやわらかくなるまで蒸し煮にする。途中、水分がなくなったら、適宜水少々を足す。

煮るよりも蒸し煮にする方が塩分と水分の移動が効率的になり、食材に味が入りやすく、食材からのうまみも引き出しやすい。

**6** ─

強

### 煮る

ふたをはずして強火にし、ひたひたの水（約500〜700㎖）を加える。ひと煮立ちさせたら味噌を溶き入れて火を止める。醤油を加えてさっと混ぜる。器に盛り、刻んだ小ねぎ、七味唐辛子をふる。

仕上げにさっと煮て、塩分を均一に行き渡らせる。

少ない水分で蒸し煮に。
ゴロゴロ入った具で
食べ応えあり

# ポトフ

ソフリット（P68参照）

ポイント

1. ベーコンをカリカリに炒める

2. 野菜に脂をからめる

3. 蒸し煮で味しみしみ

材料（2〜3人分）

| | |
|---|---|
| ベーコン | 70g |
| にんじん | ½本 |
| じゃがいも（メークイン） | 2〜3個 |
| キャベツ | 2〜3枚 |
| 玉ねぎ | ½個 |
| にんにく（みじん切り） | 1片分 |
| ローリエ | 1枚 |
| ソフリット（P68参照） | 大さじ1 |
| オリーブオイル | 大さじ1 |
| 固形コンソメ | 1個 |
| 白ワイン | 100㎖ |
| 塩、こしょう、パセリ（粗みじん切り） | |
| | 各適宜 |

作り方

**1**―

### 下ごしらえをする

にんじんは5mm幅の半月切り、じゃがいもは2cm幅の輪切りにして水にさらす。キャベツは4〜5cm四方に切り、玉ねぎはくし形切りにする。ローリエは直火でさっとあぶり、2〜3ヵ所折る。ベーコンは7mm幅に切る。

**2**―

### ベーコンを炒める

鍋にオリーブオイルを強めの中火で熱し、ベーコンをカリカリになるまで炒める。にんにくを加えて弱めの中火にし、にんにくがきつね色になったらにんじん、じゃがいも、キャベツ、玉ねぎを加える。弱火にし、ベーコンの脂をからめるように炒める。

ベーコンをカリカリになるまでしっかり炒めることで、味に深みが出る。野菜にベーコンの脂がからむ頃には全体に塩分がまわるので、それを目安に炒める。

**3**―

### 蒸し煮にする

コンソメ、白ワインを加えて混ぜ、弱めの中火にし、ソフリットを加える。ふたをして時々混ぜながら、20分ほど蒸し煮にする。途中、水分がなくなったら、適宜水少々を足す。

煮るよりも蒸し煮にする方が塩分と水分の移動が効率的になり、食材に味が入りやすく、食材からのうまみも引き出しやすい。

**4**―

### 煮る

ひたひたの水（500㎖程度）とローリエを加え、塩で味をととのえる。強火にしてひと煮立ちさせる（油が気になるようなら取り除く）。器に盛り、こしょう、パセリをふる。

仕上げにさっと煮て、塩分を均一に行き渡らせる。

# 卵スープ

ひと手間で卵が
薄い絹のような
口あたりに

## ポイント

1. 卵を入れる前にとろみをつける
2. スープをぐるぐる混ぜたところに卵を加える
3. 卵はかたまるまで触らない

## 材料（4人分）

| | |
|---|---|
| 卵 | 1個 |
| 長ねぎ | ¼本 |
| 中華スープの素 | 大さじ1 |
| 片栗粉 | 大さじ1 |
| ごま油 | 小さじ1 |
| こしょう | 適宜 |

## 作り方

**1**

### 下ごしらえをする

長ねぎはみじん切りにする。卵を溶きほぐす。

卵はコシがなくなるまでしっかり溶いた方がきれいに仕上がる。

**2**

### とろみをつける

鍋を中火にかけて湯1ℓを沸かし、中華スープの素を加えて溶かす。弱火にし、倍量の水で溶いた片栗粉を混ぜながら加え、強火で煮立てる。

卵を入れてからとろみをつけようとすると、不用意に卵に触れることになってしまい、きれいに仕上がったものが台無しになるため、とろみは先につける。

**3**

### 卵を加える

再び弱火にし、菜箸でぐるぐると混ぜ、卵の半量を手早く流し入れる。卵がかたまったら、再びぐるぐると混ぜ、残りの卵を流し入れる。

ぐるぐると混ぜて流れを作ってから溶き卵を加えることで、繊細な絹のように仕上がる。卵がかたまる前に触れるとスープがにごるので、注意。

**4**

### 仕上げる

長ねぎ、ごま油を加えて混ぜる。器に盛り、こしょうをふる。

長ねぎ、ごま油は仕上げに加え、香りを残す。

# ミネストローネ

ポイント

1. ベーコンをカリカリに炒める
2. 野菜に脂をからめる
3. 蒸し煮で味しみしみ

カリカリベーコンの
香ばしさと脂のうまみが
おいしさのポイント

### 材料（2〜3人分）

| | |
|---|---|
| ベーコン | 100g |
| にんじん | ½本 |
| じゃがいも | 2個 |
| 玉ねぎ | ½個 |
| セロリ | ½本 |
| キャベツ | 2〜3枚 |
| にんにく（みじん切り） | 1片分 |
| ローリエ | 1枚 |
| ソフリット（P68参照） | 大さじ1 |
| トマト水煮缶（ホール） | 1缶（400g） |
| オリーブオイル | 大さじ2 |
| 固形コンソメ | 1個 |
| 塩 | ふたつまみ |
| 白ワイン | 100ml |
| こしょう、パセリ（粗みじん切り） | 各適宜 |

### 作り方

**1**

#### 下ごしらえをする

にんじん、じゃがいも、玉ねぎは1〜1.5cm
角に切り、じゃがいもは水にさらす。セロリ
は1〜1.5cm幅に切る。キャベツの芯は薄切り、
葉はひと口大に切る。ローリエは直火でさっ
とあぶり、2〜3ヵ所折る。ベーコンは1〜
1.5cm幅に切る。

**2**

#### ベーコンを炒める

鍋にオリーブオイルを強めの中火で熱し、ベ
ーコンをカリカリになるまで炒める。にんに
くを加えて弱めの中火にし、にんにくがきつ
ね色になったらにんじん、じゃがいも、玉ね
ぎ、セロリ、キャベツの芯を加える。弱火に
し、ベーコンの脂をからめるように炒める。

ベーコンをカリカリに
なるまで炒めることで、
味に深みが出る。ベー
コンの塩分が食材に入
ることで、蒸し煮の効
果が高まる。野菜に脂
がからむ頃には全体に
塩分がまわるので、そ
れを目安に炒める。

**3**

#### 蒸し煮にする

コンソメ、塩を加えて混ぜ、白ワインを加え
て弱めの中火にし、ソフリットを加える。ふ
たをして時々混ぜながら10分ほど蒸し煮に
する。途中、水分がなくなったら、適宜水少々
を足す。キャベツの葉、トマト缶を加えてひ
と混ぜし、さらに10分ほど蒸し煮にする。

煮るよりも蒸し煮にす
る方が塩分と水分の移
動が効率的になり、食
材に味が入りやすく、
食材からのうまみも引
き出しやすい。

**4**

#### 煮る

ひたひたの水（500ml程度）とローリエを加え、
塩（分量外）で味をととのえる。10分ほど煮
て器に盛り、こしょう、パセリをふる。

仕上げに10分ほど煮
て、塩分を均一に行き
渡らせる。

のっけて大満足！

# ごはんのおとも

## 鶏そぼろ

ポイント

1. 材料を鍋にすべて入れる
2. 鍋が冷たい状態から加熱
3. 数本の菜箸で混ぜる

材料（4人分）

鶏ひき肉 ……………………………… 400g
A｜醤油、砂糖、酒 …………… 各大さじ4

作り方

**1** ― 材料を混ぜる

深めの鍋にひき肉とAを入れ、軽く混ぜる。

**2** ― 炒める

弱めの中火にかけ、菜箸数本でぐるぐると混ぜながら炒る。肉の色が変わり、細かくほぐれたら火を止める。

▶ ジューシーな仕上がりに

鍋が冷たい状態から熱することで、低温で肉に火が入り、ふわふわに。また菜箸を数本使うと細かくほぐしやすくなる。ジューシーな仕上がりにしたいので、適度に水分が残った状態で火を止める。

## 卵そぼろ

ポイント

1. 材料を鍋にすべて入れる
2. 鍋が冷たい状態から加熱
3. 数本の菜箸で混ぜる

材料（4人分）

卵 …………………………………… 4個
A｜白だし（市販）、砂糖、みりん
　　………………………… 各大さじ2

作り方

**1** ― 材料を混ぜる

深めの鍋に卵とAを入れ、溶きほぐす。

**2** ― 炒める

弱めの中火にかけ、菜箸数本でぐるぐると混ぜながら炒る。卵がかたまって、細かくほぐれたら火を止める。

▶ ふわふわ卵に

鍋が冷たい状態から熱することで、低温で卵に火が入り、ふわふわに。また菜箸を数本使うと細かくほぐしやすくなる。

炊きたてのごはんに、最高に合う！　そんなごはん
のおともを4つご紹介します。もちろん、混ぜ込ん
でもいいし、おにぎりにしても。

# ツナマヨ

1. ツナ缶は油も使う
2. 調味料の黄金比
3. 長ねぎがアクセント

## 材料（4人分）

ツナ缶（油漬け）……………………………… 2缶
長ねぎ（みじん切り）…………………………… ½本分
A　マヨネーズ ……………………… 大さじ4
　　砂糖 ……………………………… 小さじ1
　　塩 ………………………………… 小さじ½

## 作り方

**1** — 材料を混ぜる

ボウルにツナ（油ごと）、長ねぎ、**A**
を入れ、混ぜる。

▶ ほどよい香りと食感に

うまみの移ったツナの油も使って、風味
豊かに仕上げる。長ねぎは香りと食感の
ほどよいアクセントに。塩で味をしめる
のもポイント。

# チーズおかか

1. チーズは5mm角がベスト
2. 醤油で香ばしさをプラス
3. うまみの相乗効果を狙う

## 材料（4人分）

プロセスチーズ（切れているタイプ）……… 4枚
削り節 ………………………………………… 10g
醤油 …………………………………… 大さじ2

## 作り方

**1** — チーズを切る

チーズは5mm角に切る。

**2** — 混ぜる

ボウルにすべての材料を入れ、混ぜ
る。ごはんに混ぜて食べるのがおす
すめ。

▶ うまみたっぷり

チーズは5mm角が、ごはんに合わせやす
く食べやすい大きさ。醤油を加えること
で香ばしさが加わる。チーズのうまみ成
分・グルタミン酸と、削り節のうまみ成
分・イノシン酸の相乗効果でおいしさが
アップ。

# 卵いろいろレシピ

至ってシンプルなゆで卵や目玉焼きも、ポイントを
押さえるだけでワンランク上の仕上がりに。

## \ ゆで卵 /

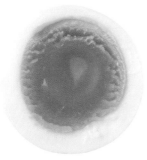

8分

11分

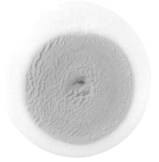

15分

ポイント

1. 冷蔵庫から出したての卵を使う
2. なるべくたっぷりの湯でゆでる
3. ぐるぐる混ぜて黄身を中心に

材料（4個分）

卵 ……………………………… 4個

作り方

**1 — 卵を熱湯に入れる**

鍋を中火にかけて湯を沸かし、お
玉で卵をなるべく低い位置から鍋
底におくように入れる。弱火にし、
菜箸で3分ほど割れないように気
をつけながらぐるぐる混ぜる。

**2 — ゆでる**

好みの加減にゆでる（1でぐるぐる混ぜる時間も含む）。
ゆるめの半熟…8分
半熟…11分
かたゆで…15分

**3 — 殻をむく**

冷水で手早く冷やし、冷めないうちに殻をむく。

▶ きれいなゆで卵に仕上げる

たっぷりの湯でゆでることで、湯
温が下がるのを防ぐ。ぐるぐる混
ぜるのは黄身を中心にとどめるた
め。卵は冷蔵庫から出したてのも
のを熱湯に入れてゆで始め、ゆで

時間のブレをなくす。また新しい
卵は割れやすく、皮がむきにくい
ので、少し時間がたった卵の方が
おすすめ。

# ＼ 目玉焼き ／

## ホテルの朝食風

ポイント

① 液状の白身を取り除く

② 黄身を中心に固定する

③ ふたをせず弱火で放置

材料（1個分）

卵 ……………………………… 1個
サラダ油 ………………… 大さじ1

作り方

1 — 白身の水分をきる

平らな小さめの器に、卵をなるべく低い位置から割り入れる。手で押さえながら、白身の水分をきる。

2 — 焼く

フライパンにサラダ油を入れて弱火にかけ、30秒ほど熱する。卵をなるべく低い位置から入れ、手で黄身を中央にして10〜20秒押さえる。黄身が動かなくなったら手を離し、白身がかたまるまで3〜5分加熱する。

▶ ほんのひと手間できれいな目玉焼きに

白身はぷっくりとした白身と、水分の多い液状の部分からできている。液状の部分を除くことできれいな仕上がりに。黄身を中心にするには手で押さえるのがおすすめ。ただしやけどには注意を。ふたをせず、弱火でじっくりと火を通すとやわらかく、ぷくっと舌ざわりよく仕上がる。

## カリッとこんがり風

ポイント

① フライパンを
しっかり温める

② 卵はなるべく低い位置から

③ ふたをせず強火で焼く

材料（1個分）

卵 ……………………………… 1個
サラダ油 ………………… 大さじ1

作り方

1 — 焼く

フライパンにサラダ油を強火で熱し、卵をなるべく低い位置から割り入れ、5〜10秒、殻で黄身を中央にして押さえる。強火にし、好みの加減に焼く。

▶ こんがりカリッと香ばしく

フライパンをしっかり熱し、強めの中火で白身のふちにこんがり焼き色がつく状態を目指して。黄身が割れないように、卵はなるべく低い位置から入れる。油がはねるので注意して。ふたをすると焼き色がきれいにつかないので、ふたをせずに強火で焼く。

あとがき

料理には、ルールも正解もありません。
ここまで、偉そうに「こうするとおいしくなるよ」と連発してきたに
もかかわらず、「いきなり何だよ！」と思われるかもしれませんが、
これが真実です。

ただ、考えてみてください。世の中は「正解がないことだらけ」です。
よく、仕事や教育の現場でも言われていることですが、料理にもこれ
が当てはまります。
でも、ルールがないからといって、自由に何となくやってしまうのと、
基本を熟知した上で、自分の好きなようにやるのとでは、結果はまる
で違います。そのきっかけとして、本書がお役に立てれば幸いです。

僕の、料理に関する発信のポリシーは「日本の家庭料理をもっとおい
しく」です。そこには「今よりもさらに料理が上手に作れるようにな
って欲しい」という側面と、料理に対する知識を深めていただくこと
で「料理を味わう力も高めて欲しい」という、2つの側面があります。

今よりもさらに料理が上手に作れるようになって、あなたの周りに
「おいしい記憶」が増えたなら。また、自分の手料理を食べてくれる
人からの「おいしい」が増えたら、こんなに嬉しいことはないはずで
す。この好循環を、今よりももっと味わって欲しいのです。

そして、調理のプロセスがしっかり身につくと、いつも何気なく食べ
ていた料理が単に「おいしい」だけではなく、「作り手の意図」まで
感じ取れるようになります。料理の味は「料理そのものが持つ味」だ
けではなく、「感情」や「環境」にも大きく左右されます。ですから、
こういったことを感じられるようになると、おいしいものは「さらに
おいしく感じられる」ようになるのです。

本書を通じて、今以上に料理に興味を持ってもらい、もっと深く料理
を味わって欲しい。この僕の願いが、みなさんに届けば幸いです。

こじまぽん助

# 主な食材別 INDEX

本書で使用している主な食材リストです。食材が余ったときは、このページを見て、他のレシピで活用できないか探してみてください。

## staff

| | |
|---|---|
| デザイン | 細山田光宣、藤井保奈（細山田デザイン事務所） |
| 撮影 | 内山めぐみ |
| スタイリング | 井上裕美子（エーツー） |
| 調理 | こじまぽん助 |
| 調理補助 | 堀金里沙（エーツー） |
| 編集協力 | 久保木 薫 |
| 校正 | 麦秋新社 |
| 編集 | 安田 遥（ワニブックス） |

# 日本一ていねいな
# 定番家ごはん

こじまぽん助 著

2021年7月4日　初版発行

| | |
|---|---|
| 発行者 | 横内正昭 |
| 編集人 | 青柳有紀 |
| 発行所 | 株式会社ワニブックス |
| | 〒150-8482 |
| | 東京都渋谷区恵比寿4-4-9　えびす大黒ビル |
| | 電話　03-5449-2711（代表） |
| | 　　　03-5449-2716（編集部） |
| | ワニブックスHP　http://www.wani.co.jp/ |
| | WANI BOOKOUT　http://www.wanibookout.com/ |
| 印刷所 | 凸版印刷株式会社 |
| DTP | 株式会社オノ・エーワン |
| 製本所 | ナショナル製本 |